DÄNEMARK

INSIDER-TIPP
Deine Abkürzung ins Erleben!

Reisen mit MARCO POLO Insider-Tipps

MARCO POLO TOP-HIGHLIGHTS

FANØ 1
Hier ist die Zeit stehen geblieben: mehr Robben als Einwohner, ein Polizist, abgelegene Höfe und einsame Strände
Tipp: Sonnenuntergänge an der Westküste: warme Farben und als Kontrast die raue See mit tosenden Wellen

➤ S. 50, Südjütland

TRAPHOLT 2
Ikea erblasst vor Neid: dänisches Möbeldesign vom Feinsten und eine einzigartige Sammlung von Stühlen aus dem 20. Jh

➤ S. 51, Südjütland

ALTSTADT VON RIBE 3
Intensiver kannst du das Hygge-Gefühl nicht erleben. Bummeln in Denkmalschutzkulisse mit einem prächtigen Dom
Tipp: Nachmittags im Dom brechen sich die Sonnenstrahlen in den Rundbogenfenstern

➤ S. 44, Südjütland

DEN GAMLE BY 4
Ein Freilichtmuseum aus 80 Häusern mitten in Aarhus mit Kneipen, Restaurants und hübschen Läden

➤ S. 58, Mitteljütland

NATIONALPARK THY 5

244 km² einzigartige Tier- und Pflanzenwelt: Vögel, Hirsche, grüne Heideflächen, kleine Seen und am Horizont das Meer

Tipp: Am Abend versammeln sich Rudel von Hirschen am Rand der Heideflächen

➤ S. 80, Nordjütland

ÆRØSKØBING 6

Die Hauptstadt der Insel Ærø ist eine Pippi-Langstrumpf-Idylle: bunte Fachwerkhäuser, Kopfsteinpflastergassen, der Geruch von Räucherfisch, der Blick aufs Meer

➤ S. 102, Fünen

EGESKOV SLOT 7

Ein zauberhaftes Renaissanceschloss, wo Segways durch den Schlosspark rollen und Besucher auf Stelzen laufen

Tipp: Bei Sonnenlicht spiegelt sich das Schloss in den umliegenden Gewässern

➤ S. 95, Fünen

TIVOLI 8

Der schönste Vergnügungspark der Welt vereint Kirmes, botanischen Garten, Konzerthalle, Picknickplatz und Gourmettempel mitten in Kopenhagen

➤ S. 109, Seeland

LOUISIANA 9

Das meistbesuchte Museum Dänemarks, innen mit Werken von Ernst, Giacometti und Calder und außen mit dem „Mir-bleibt-die-Luft-weg-Blick" über den Øresund

➤ S. 112, Seeland

MØNS KLINT 10

Majestätisch liegt der Kreidefelsen am Fuß der Ostsee, und bei gutem Wetter sieht er sogar seinen Zwilling auf Rügen

Tipp: Bei starkem Wind schafft das wechselnde Licht ständig neue Perspektiven auf Felsen, Wolken und Gischt

➤ S. 118, Seeland

INHALT

NORDJÜTLAND
MITTELJÜTLAND
FÜNEN
SÜDJÜTLAND
SEELAND & SÜDLICHE INSELN

MARCO POLO TOP-HIGHLIGHTS

DAS BESTE ZUERST

SO TICKT DÄNEMARK

ESSEN, SHOPPEN, SPORT

MARCO POLO REGIONEN

ERLEBNISTOUREN

GUT ZU WISSEN

 Besuch planen

€-€€€ Preiskategorien

 Essen/Trinken

 Shoppen

 Ausgehen

 Top-Strände

(🕮 A2) Herausnehmbare Faltkarte
(🕮 a2) Zusatzkarte auf der Faltkarte
(🕮 0) Außerhalb des Faltkartenausschnitts

BESSER PLANEN MEHR ERLEBEN!

Digitale Extras
go.marcopolo.de/app/dae

DAS BESTE ZUERST

Beliebtes Touristenziel: Lønstrup im Norden der Jammerbucht

BEST OF ☂

BEI REGEN

SCHÖN, AUCH WENN ES REGNET

INS MEER EINTAUCHEN
Hast du schon mal Meerestiere gestreichelt oder fast die komplette Flora und Fauna der Nordsee in nur einem riesigen Becken gesehen? In den Aquarien des *Nordsøen Oceanariums* in Hirtshals schwimmen u. a. Robben, Mondfische und Hummer – und du kannst beim Füttern zusehen (Foto)
➤ S. 78, Nordjütland

IM MÄRCHENSCHLOSS
Im *Egeskov Slot* fehlt nur noch das Schlossgespenst! Ansonsten findest du hier alles, was du dir unter einem Märchenschloss vorstellst: verstaubte Gemälde und riesige Kronleuchter, Jagdtrophäen aus Afrika und alte Chippendale-Möbel
➤ S. 95, Fünen

KULTUR IM KRAFTWERK
Das alte Kraftwerk *Nordkraft* in Aalborg vereint Musikclubs, Kinos, Theater und Kunsthalle unter einem Dach. Im Sommer gibt es hier sogar einen Strand unterm Dach mit Palmen, Liegestühlen, Strandbar, Filmaufführungen und Livemusik
➤ S. 72, Nordjütland

EIN TAG IM SHOPPINGCENTER
Über 100 Geschäfte, ein Kino, tägliche Events und jede Menge leckere Verführungen warten in *Bruuns Galleri* in Aarhus, einem der größten Shoppingcenter Dänemarks. Dazu gibt es Livemusik, Modenschauen und eine Minigolfbahn auf dem Dach
➤ S. 60, Mitteljütland

FEUCHTES VERGNÜGEN
Wenn das Wetter jeden Open-Air-Badespaß verhindert, dann bietet sich als Ausweichadresse zum Planschen das *Svømme Center* in Falster an. Nach etwas Ähnlichem wie einer 60-m-Riesenrutsche musst du am Strand jedenfalls lange suchen ...
➤ S. 121, Seeland

BEST OF LOW-BUDGET

FÜR DEN KLEINEN GELDBEUTEL

ALLES AUF EINE KARTE

In Aarhus und Kopenhagen kannst du mit nur einer Karte richtig sparen und kostenlos Bus und Bahn fahren. Die *Aarhus Card (1 Tag 329 Kronen, 2 Tage 449 Kronen | visitaarhus.de)* bringt dich kostenlos in alle Museen der Stadt. Die *CPHCard (1 Tag 439 Kronen, 2 Tage 649 Kronen | copenhagencard.com)* berechtigt zum kostenlosen Eintritt in 89 Hauptstadt-Attraktionen

➤ Mitteljütland | Seeland

WENN ES DUNKEL WIRD

Begleite in Ribe einen Nachtwächter bei seinem Rundgang durch die 1300 Jahre alte Stadt und tauch ganz umsonst in die Stadtgeschichte ein

➤ S. 45, Südjütland

TÜRKISCHES DAMPFBAD OHNE LIRA

Das Schwimmbad der *Arena Aabenraa* bietet für 50 Kronen nicht nur Riesenrutschbahn und Schwimmvergnügen, sondern auch Wellness. Und auch Sauna, Spapool und türkisches Dampfbad sind inklusive!

➤ S. 43, Südjütland

KUNST FÜR LAU

Viele Museen bieten Besuchern ganz oder an einem Wochentag freien Eintritt. Die *Ny Carlsberg Glyptotek* in Kopenhagen zum Beispiel ist dienstags gratis für alle

➤ S. 109, Seeland

WISSENSHUNGER STILLEN

Im *Økolariet* in Vejle erfährst du alles über Ressourcen und Klima und begibst dich auf eine Tour durch die Kanalisation. Das *Testcenter Østerild* nimmt dich mit in ein Windrad. Das *Femern-Infocenter* in Rødbyhavn informiert über den Fehmarn-Sund-Tunnel inklusive Tour über die Baustelle. Alles kostenlos

➤ S. 53, Südjütland | S. 80, Nordjütland | S. 122, Seeland

SPANNENDES FÜR GROSS & KLEIN

PARK AUS BUNTEN STEINEN

Es begann im Jahr 1968 mit einer bescheidenen Freiluftanlage – und heute ist das *Legoland* der berühmteste Freizeitpark des Landes. Das Herzstück der Anlage ist das *Miniland,* wo die ganze Welt aus Legosteinen nachgebaut ist. Drum herum: Achterbahnen, Karussells und ein echtes Lego-Aquarium

➤ S. 53, Südjütland

DIE WELT AUS STEIN

Søren Poulsen hat am Klejtrup See die ganze Welt aus Steinen nachgebaut. Diese Welt kannst du per Boot oder auf einem Pony entdecken. Im schön angelegten *Verdenskortet-Park* warten zudem ein Labyrinth, Spielplätze und gemütliche Picknickecken

➤ S. 78, Nordjütland

AB IN DEN KNAST

Im Gefängnismuseum *Arresten* in Faaborg kannst du in die Rolle des Gefangenen oder des Richters schlüpfen. Mit der Laterne verfolgst du den Verbrecher durch dunkle Keller. Danach geht's ab in die Zelle, und du darfst hier straffrei an Gitterstäben sägen

➤ S. 93, Fünen

KARUSSELLS UND BUDEN

Seit 150 Jahren drehen sich im *Vergnügungspark Bakken* die Karussells. Dieser Park ist nicht nur der älteste seiner Art, er ist auch ein unerreichtes Vorbild für Nachahmer. Nostalgisch, volkstümlich und voller Abenteuer!

➤ S. 112, Seeland

WILDE MEERESBEWOHNER

Traust du dich in die Tunnel des Riesenaquariums *Den Blå Planet* hinein? Um dich herum ist nur Wasser, und darin tummeln sich über 20 000 Meeresbewohner aller Art. Süß und niedlich kommt der Seeotter daher, den man am liebsten knuddeln würde.

➤ S. 110, Seeland

BEST OF

TYPISCH

DAS ERLEBST DU NUR HIER

WESTKÜSTE PUR

Die Westküste ist Dänemarks Urlaubsregion Nummer eins: endlose Sandstrände, viel Wind für Surfer, Kliffs und Dünen, malerische Häfen, der *Nationalpark Thy*. Dazwischen Ferienhauskolonien, hyggelige Orte – und an beinahe jeder Ecke eine Fisch- oder Pølserbude

FANGFRISCHER FISCH

Frischer kannst du Fisch nicht kaufen! In vielen Häfen verkaufen die Fischer ihren Fang direkt vom Kutter, so zum Beispiel in *Hvide Sande*. Hier steht man Schlange für frische Krabben

➤ S. 67, Mitteljütland

ZWEI MEERE, EIN ERLEBNIS

Hoch oben im Norden verschwindet Dänemark im Meer. Nördlich der Hafenstadt *Skagen* treffen sich Nord- und Ostsee, Skagerrak und Kattegatt. Baden darf man hier oben nicht: Die Strömungen sind zu gefährlich, aber dafür erlebst du hier die schönsten Sonnenuntergänge des Landes (Foto)

➤ S. 77, Nordjütland

WICKIE UND DIE STARKEN MÄNNER

Wikinger sind in Dänemark allgegenwärtig. Ihr Leben wird in zahlreichen Centern und Museen nachgestellt. In *Roskilde* gibt es sogar ein eigenes Museum für ihre Schiffe, und wenn du dich einmal wie Wickie fühlen willst, dann kannst du mit den alten Booten hinaus auf den Roskildefjord fahren

➤ S. 116, Seeland

MARITIME LEBENSART

Auch dänische Häfen stehen für die dänische Lebensart. Der unverkennbare Geruch des Meers, bunte Fischerkutter, Netze, die zum Trocknen ausgelegt werden, leckere Muscheln auf Holzbänken genießen – zum Beispiel im Hafen von *Marstal*

➤ S. 103, Fünen

SO TICKT DÄNEMARK

Kein Sommer in Dänemark ohne bunt getopptes Softeis

ENTDECKE DÄNEMARK

Fahrradfreundliche Hauptstadt: Kopenhagen ist in dieser Hinsicht vorbildlich

Urlaub in Dänemark heißt Gegensätze erleben: Die Nordsee rau und die Ostsee mild. Die Küsten mal steil und üppig grün und dann wieder mit kilometerlangen Sandstränden, entweder Touristenhochburgen oder menschenleer. Ähnlich die Inseln: mal unbewohnt und einsam und dann wieder voller Leben. Dazwischen hyggelige (= gemütliche) Dörfer, kleine Großstädte und Kulturcenter.

JÜTLAND: VIELE TOURISTEN UND WEITE STRÄNDE

Gleich hinter der Grenze beginnt Jütland, der kontinentale Teil Dänemarks. Schon hier wird dir klar, was dieses Land so einzigartig macht. Es beginnt eine innere Entschleunigung. Selbst der Verkehr auf den Autobahnen fließt ruhiger. Trotz der Touristenströme in der Saison sucht man überfüllte Strände vergebens.

um 900 König Gorm der Alte eint die dänischen Königreiche

1397 Dänemark, Schweden und Norwegen werden ein Reich unter dänischer Flagge

1721–1730 Grönland wird dänische Kolonie

1848/1849 Einführung der konstitutionellen Monarchie

1864 Niederlage gegen Preußen und Österreicher. Dänische Herzogtümer fallen an Preußen

1920 Der nördlichste Teil des heutigen Schleswig-

Der Nationalpark Wattenmeer und die vorgelagerten Inseln schaffen eine Bilderbuchatmosphäre. Das offene Marschland und die endlosen Küstenstreifen, oft dünengegürtet, die sich mal feinsandig und mal üppig grün präsentieren, machen diese Region so faszinierend. So unterschiedlich wie die Küsten präsentieren sich auch Jütlands Städte. Aarhus und Aalborg sind kleine, moderne Metropolen, aber in Sachen Kultur und Shopping ganz groß. Anders zeigen sich Ribe mit seinen mittelalterlichen Gassen und die Messestadt Herning, die ebenfalls ihre Ursprünglichkeit bewahrt hat. Esbjerg, Hanstholm und Hirtshals verbinden Dänemark mit der weiten Welt jenseits der Nordsee.

FÜNEN, EIN GARTEN VOLLER MÄRCHENSCHLÖSSER

Über den Lillebelt erreicht man Fünen und seine faszinierende Inselwelt. Fünen ist der Garten Dänemarks, und in diesem Garten stehen die schönsten Gutshöfe und Schlösser des Landes. Eine Fahrt durch Fünen ist eine Zeitreise durch die Jahrhunderte. Eben noch fühlst du dich wie ein raubeiniger Wikinger oder verfolgst das bewegte Leben von Hans Christian Andersen, und im nächsten Moment bist du mitten in der Neuzeit angekommen, feierst heiße Strandpartys oder shoppst in exklusiven Boutiquen. Auch Fünens Strände könnten unterschiedlicher nicht sein. Mal werden sie von Seglern, Surfern oder Kajakfahrern dominiert, mal sind sie einsam, steinig und naturbelassen. Mal ist der Sand so weiß und fein, dass man auch irgendwo in der Südsee hätte stranden können, dann wieder blickt man auf die spektakulärsten Brücken Europas.

Holsteins geht nach einer Volksabstimmung wieder an Dänemark zurück

1940–1945 Besetzung Dänemarks durch die deutsche Wehrmacht

1972 Margrethe II. wird Königin

2019/2020 An der deutsch-dänischen Grenze wird ein Wildschweinzaun zum Schutz vor der Schweinepest errichtet

2021 Spatenstich zum Bau des Fehmarnbelt-Tunnels

2030 Dänemark will 70 Prozent der Treibhausgasemissionen eingespart haben

GEMÜTLICHE HAUPTSTADT UND INSELN FÜR ENTDECKER

Im Osten Dänemarks liegen die Hauptstadtinsel Seeland und die drei Inseln Møn, Falster und Lolland. Wer hier seinen Urlaub verbringt, der liebt die Abwechslung. Die bunte und grüne Hauptstadt Kopenhagen glänzt in königlicher Pracht und strahlt doch eine gewisse Gemütlichkeit aus. Sie ist mehr als nur der Vergnügungspark Tivoli: mal modern und von Hightech geprägt und dann wieder im adligen Rokoko oder ganz klassizistisch. Die Inseln haben alles im Überfluss, doch man bekommt es ganz sanft dosiert. Überall stehen alte Kirchen, Herrenhäuser und Schlösser, die man nicht auf Anhieb sieht. Gibst du dich dieser herrlichen Natur hin, dann entdeckst du an jeder Ecke ein Highlight. Es ist wie an Møns Klint: Alle schauen auf den Kreidefelsen und übersehen dabei so manchen prähistorischen Fund am Strand. Auf Seeland und Møn, Falster und Lolland wirst du viele schöne Dinge erst auf den zweiten Blick entdecken.

AKTIV SEIN – MITTEN IN DER NATUR

Und was hat Dänemark noch zu bieten? Sportlich zumindest eine ganze Menge! Du solltest dein Fahrrad mitnehmen – oder du leihst dir eins vor Ort. Mehr als 12 000 km Radwege führen durchs Land, vorbei an traumhaften Küsten und mitten durch Städte und Dörfer. Allein die dänische Westküste besitzt über 400 km Strände, die meisten mit Bademöglichkeiten. Sollte es doch mal regnen, dann gehst du eben in eins der Spaßbäder oder in ein öffentliches Schwimmbad, denn die sind in Dänemark noch flächendeckend vorhanden. Du kannst auch Heide und Wälder erwandern, mit dem Kajak über den Limfjord paddeln und im Meer oder an einem klaren Bach angeln.

NICHT NUR PØLSER UND SMØRREBRØD

In Dänemark sind sogar die Imbisswagen ansehnlich: Da schmeckt der Pølser so gut wie ein saftiges Steak! Du möchtest im Urlaub nicht selber kochen? Dann solltest du in einen urigen Kro oder in ein exquisites Restaurant mit Michelinstern einkehren. Überall lauert die Versuchung. In den Fußgängerzonen die kleinen Cafés, am Strand die berühmten Softeisbuden und in den Häfen die Räucherei oder der Fischimbiss.

ENDLICH MAL RUNTERKOMMEN

Egal für welche Urlaubsform und welche Region du dich entscheidest – du wirst den Alltag hinter dir lassen. In Dänemark dominiert die Hygge, diese besondere Art der Gelassenheit. Ein Tag am Strand scheint endlos zu sein. Das Gefühl wirkt noch lange nach, wenn du barfuß an einem einsamen Strand läufst, Robbenkolonien in einer Bucht beobachtest, den rauen Wind im Gesicht spürst, die klare, sauerstoffreiche Meeresluft einatmest, am Horizont ein Schiff entdeckst und sich diese Kontraste für immer einprägen. Spätestens dann weißt du, warum die Dänen eins der glücklichsten Völker der Welt sind.

AUF EINEN BLICK

5.910.000
Einwohner

Schleswig-Holstein: 2.922.005

ÜBER 12 MIO.

Tannenbäume
exportiert Dänemark alljährlich

7.314 km
Küstenlänge

Deutsche Nord- und Ostseeküste mit Inseln und Halligen: 870 km

43.094 km²
Fläche

Niedersachsen 47.618 km²

HÖCHSTER BERG: MØLLEHØJ
170,86 m

2. Platz: Yding Skovhøj: 170,7 m

KÄLTESTER MONAT
JANUAR
-1°C
im Durchschnitt in Skagen

LÄNGSTE BRÜCKE: ØRESUNDBROEN
7845 m

Köhlbrandbrücke Hamburg: 3618 m

7 UNESCO-WELTERBESTÄTTEN
Kathedrale in Roskilde, Schloss Kronborg, Grabhügel in Jelling, Nationalpark Wattenmeer, Stevns Klint, Herrnhuter-Siedlung Christiansfeld, Parforcejagdlandschaft in Nordseeland

KOPENHAGEN

Größte Stadt mit 810.000 Einwohnern

BERÜHMTE PERSONEN
Lars von Trier, Gitte Hænning, Mads Mikkelsen

STRAFE BEI ALKOHOL AM STEUER:
AB 0,5 PROMILLE PFÄNDUNG EINES MONATSLOHNS

DÄNEMARK VERSTEHEN

BUNTE STÜHLE

Dänische Designer sind Multitalente und besonders kreativ. Viele waren „Stuhl-Fetischisten", aber nur drei stiegen in den Designerhimmel auf: Hans J. Wegners Y-Stühle zieren bis heute nicht nur dänische Wohnzimmer. Arne Jacobsen machte mit Schwan- und Ei-Stühlen Furore, und Werner Panton gilt auch nach seinem Tod noch als das Enfant terrible der Stuhldesigner: Seine Stühle mussten vor allem knallig-bunte Farben haben. Bis heute ist der Run auf Panton-Stühle ungebrochen. Bei E-Bay erzielen sie absolute Rekordpreise.

DÄNEMARK IM NORDATLANTIK

Mit den Färöer-Inseln und Grönland liegen zwei Teile Dänemarks fernab im Nordatlantik. Die Färöer sind seit 1948 weitgehend autonom, haben mehr Schafe als Einwohner, gehören nicht zur EU und haben seit 2005 den Status einer „gleichberechtigten Nation" innerhalb des Königreichs Dänemark. *faroeislands.com*

Grönland, das Land der Eskimos, ist mit 2,2 Mio. km² die größte Insel der Welt und fast komplett von Eis und Gletschern bedeckt. Freiwillig in der Kälte leben? 13 000 Dänen und 43 000 Inuit tun es und wählen im Rahmen einer weitgehenden Autonomie ihre eigene Regierung. *greenland.com*

DENMARK: 12 POINTS!

45-mal hat Dänemark am Eurovision Song Contest (ESC) teilgenommen und dreimal gewonnen. 1963 mit „Dansevise" von Grethe & Jørgen Ingmann, 2000 mit „Fly on the wings of love" von den Olsen Brothers und 2013 mit „Only teardrops" von Emmelie de Forest. Man gewinnt, um den ESC auszutragen, und die Wettbewerbe in Dänemark waren Megaspektakel: im Tivoli, im Stadion Parken und in den Hallen einer Werft. Sogar die Jubiläumsshow zum 50-jährigen Bestehen des ESC 2005 wurde in Kopenhagen ausgetragen. Familien und Freunde treffen sich und schauen sich den Wettbewerb gemeinsam an. In Südjütland gibt's dann kleinen Grenzverkehr der speziellen Art: Man fährt zum Telefon-Voting schnell rüber nach Deutschland, um für den dänischen Kandidaten abzustimmen.

HARALD UND DIE STARKEN MÄNNER

Wikinger! Der Legende nach ein wildes, starkes Seefahrervolk, hemmungslos, räuberisch, rücksichtslos. In Wirklichkeit eher Handelsleute, Kulturschaffende, Entdecker. In jedem Fall reiselustig, denn um das Jahr 1000 herum waren sie mit ihren Schiffen auf den Weltmeeren unterwegs und besiedelten die Färöer, Grönland, Island und Teile Nordamerikas. Die Dänen sind mächtig stolz auf ihre Urahnen, und schon kleine Kinder spielen gern Harald I. Blauzahn oder Erik der Rote. Die Erinnerungen an sie werden in Museen und bei Festen, Spielen und Märkten wachgehalten.

Bunter Runenstein im Bork Vikingehavn – Teil des Ringkøbing-Skjern-Museums

ES GRÜNT SO GRÜN

Kein Kunstdünger auf Samsøs Golfplatz: Stattdessen streut man Mist, und die Unkrautvertilger sind 40 Insektenarten und grasende Schafe. Kopenhagen wurde 2014 zur Umwelthauptstadt Europas gewählt und will bis 2025 die erste CO_2-neutrale Hauptstadt der Welt sein. In Svendborg werden Materialien von Abrissbauten gesäubert, aufbereitet und wieder verkauft. Selbst der Pølser zeigt sich grün: In den DØPs, den bekannten Pølserwagen Kopenhagens, werden nur zu 100 Prozent ökologische Hotdogs verkauft. Würstchen und Zutaten stammen ausschließlich aus regionalen Biobetrieben. Doch damit nicht genug: Auch die Politik arbeitet auf allen Ebenen für Umweltschutz und Nachhaltigkeit, und die fängt schon im täglichen Leben an: 65 Prozent der dänischen Politiker fahren mit dem Fahrrad ins Parlament.

FISHERMAN'S FRIENDS

Das kleine Königreich ist im Fischfang ganz groß und sogar Fischexport-Meister der EU. 1934 dänische Kutter sind auf Nord- und Ostsee, im Skagerrak und im Kattegat unterwegs. So wurde 2021 z. B. Kabeljau im Wert von fast 200 Mio. Euro gefangen. Dazu kommen noch tonnenweise Muscheln. Bevor ein Gutteil der Fänge imGlas oder in der Konserve landet, werden sie in vielen Häfen direkt vom Kutter an Touristen und Einheimische verkauft oder in den Hafenimbissen zubereitet.

INSIDER-TIPP
Frischfisch vom Fischerfritz

Legoland: 25 Millionen der bunten Steine wurden im Lego House verbaut und verbastelt

KÖNIGLICHE LIEFERANTEN

Der Zigarettenlieferant der Königin ist nicht bekannt, aber die Liste der Hoflieferanten gibt sich so normal wie die Königin selber. Margrethe II. trägt auch gern Ecco-Schuhe. Geschlafen wird in Bettwäsche von Jysk Nordic, in Deutschland als Dänisches Bettenlager bekannt. Der königliche Nachwuchs spielt natürlich mit Lego, und in Sachen Auto bevorzugt man Volvo und Ford. Teurer Kaviar, edler Champagner? Fehlanzeige! Die königliche Küche bekommt Produkte von Beauvais, Dänemarks erster Konservenfabrik, und Arla, die auch in Deutschland Meiereiprodukte herstellt.

LAND DER BUNTEN STEINE

1932 in Billund: Da erfindet der Tischler Ole Kirk Christiansen einen Holzklotz mit Noppen und Röhren und setzt einen Hype in Gang, der bis heute ungebrochen ist. Weil die Klötze nicht gut zusammenhielten, sattelte Christiansen von Holz auf Plastik um und nannte die kleinen bunten Steinchen Lego, abgeleitet von „leg godt", was so viel heißt wie „spiel gut".

Stimmt: Aus sechs Steinen mit 2 x 4 Noppen kann man 915 104 765 verschiedene Varianten bauen. Die 4 Mrd. Legofiguren sind mittlerweile die größte Bevölkerungsgruppe der Welt. Neidisch schauen Goodyear und Bridgestone bei der Reifenproduktion zu, denn Lego ist mit jährlich 300 Mio. Reifen führend.

Das Legofieber hat ganze Firmen erfasst, und auch Künstler greifen zu Legosteinen: Weltrekordhalter im Bauen ist die dänische Reederei DFDS.

Zum 150. Firmenjubiläum bauten Mitarbeiter eine 12 m lange und knapp 3 m hohe Fähre: die „Jubilee Seaways" wiegt 2890 kg. Legokünstler Nathan Sawaya zeigte seine Werke in der New Yorker Ausstellung „Die Kunst des Steins", und Sean Kenney erschafft Landkarten aus Legosteinen. In England steht ein Haus, gebaut aus 3,3 Mio. Steinen. Jeder Däne besitzt statistisch gesehen 80 Legosteine, und in der berühmten dänischen Schatzkammer lagert ein Exemplar von jedem Legoset. Die kleinen bunten Steine überleben also auch im Jahrhundert der Smartphones und iPads.

MEDAILLEN & POKALE

Jedes noch so kleine Dorf hat einen eigenen Sportverein. Kunstrasenplätze, moderne Sport- und Schwimmhallen, Radbahnen und Badmintonfelder an jeder Ecke. Hier wachsen die kleinen Laudrups und Schmeichels heran, und internationale Erfolge blieben und bleiben nicht aus. 1992 war Dänemark („Danish Dynamite") Fußballeuropameister; dreimal waren die Handballherren Vizeweltmeister, einmal Olympiasieger und 2019 und 2023 auch Weltmeister. Die Handballdamen holten sich einmal den Weltmeistertitel, und der Welt- und Europameister Peter Rasmussen gehört zu den besten Badmintonspielern der Welt. Der Däne Paul Elvstrøm (vier olympische Goldmedaillen) ist einer der weltbesten Segler, und mit Bjarne Riis (1996) und Jonas Vingegaard (2022) gewannen gleich zwei Dänen schon einmal die Tour de France.

KLISCHEE KISTE

ESSKULTUR?

Der dänische Hotdog: rote Wurst, mit Röstzwiebeln, massig Ketchup, sauren Gurken, fettiger Remoulade und an jeder Ecke am *pølsevogn* zu kaufen. In Butter schwimmende Scholle mit geschmacklosen Kartoffeln. Ist das dänische Esskultur? Von wegen! In Dänemark besitzen viele Restaurants Michelin-Sterne (2022 waren es 39 Stück!) oder eine Auszeichnung vom Gourmetführer „Whiteguide". Restaurants wie *Noma, Geranium, AOC* oder *Kadeau* gehören zu den besten der Welt. Du siehst – die dänische Küche steht nicht nur für rote Würstchen, sondern auch für Jakobsmuscheln mit Rhabarberwurzeln.

FREMDENFEINDLICH?

Die Dänen tun sich schwer mit anderen Kulturen: Sie stehen im Konflikt zwischen den anerzogenen „sozialen Kompetenzen" und dem Erhalt der dänischen Werte. Vorbildlich sind die Sprachschulen und die ausgezeichnete Integration ins Gemeindeleben. Vorbildlich auch die Regierung, die bis 2030 Ausländergettos auflösen will. Andererseits sind die Grenzen dicht, und jeder Übergang wird überwacht. Und in arabischen Zeitungen werden Anzeigen geschaltet, die da lauten: „Es lohnt sich nicht, nach Dänemark zu kommen".

NÆRDEMOKRATIE

Der soziale Frieden und eine funktionierende Demokratie sind die wichtigsten Güter der Dänen. Für deren Erhalt legt man sich mächtig ins Zeug, und schon im Kindergarten werden Konflikte sachlich ausdiskutiert. Streit unter Nachbarn? In Dänemark undenkbar. Jeder hilft jedem, und das soziale Miteinander steht immer und überall an erster Stelle. Man nennt es ganz einfach *nærdemokrati* (etwa: nahe Demokratie), und die funktioniert schon seit mehr als 200 Jahren.

O TANNENBAUM

Das kleine Dänemark ist der größte Weihnachtsbaumexporteur der Welt. Jährlich werden über 12 Mio. Tannenbäume exportiert, davon über 1 Mio. nach Deutschland. Immer mehr Dänen nutzen Ackerflächen und Brachland (insgesamt sind es 350 km²) zur Anpflanzung von Weihnachtsbäumen. Ab Mitte November arbeiten 5000 Dänen rund um die Uhr in der Weihnachtsbaumproduktion. Die Dänen feiern selbstverständlich auch mit dänischem Tannenbaum, fällen ihn aber selber. *christmastree.dk* | *fældselvjuletræ.dk*

OSTSEEPERLE

Nirgends in Dänemark scheint öfter die Sonne als auf der Insel Bornholm. Sie ist daher ein Mekka für sonnenhungrige Skandinavienfans, aber auch für Familien mit Kindern: Der Verkehr fließt noch ruhiger als sonst in Dänemark, viele Strände haben weite Flachwasserzonen. Auf Bornholm gilt zudem eine besondere Regel: Zu keinem Zeitpunkt sollen sich mehr Touristen auf der Insel aufhalten, als es Einwohner gibt. Ausführliche Infos findest du im MARCO POLO Band „Bornholm" und unter *bornholm.info*.

SCHATZSUCHER

In dänischer Erde lagert wohl noch so mancher Wikingerschatz. Doch nicht nur studierte Archäologen graben in Dänemarks Dreck, auch Hobbysucher sind am Werk. In der Ausgrabungsstätte im *Moesgaard Museum* bei Aarhus ist nur noch ein Profiarchäologe angestellt, der von zig Hobbyarchäologen unterstützt wird. Das spart Geld! Manche Profis üben daran heftige Kritik und verlangen ein neues Gesetz. Sie fürchten nicht nur, dass die Hobbybuddler so manchen Schatz nicht erkennen, sondern sehen ihren kompletten Berufstand in Gefahr. Viele Archäologen werden bei ihrer Arbeit allerdings nur noch belächelt, da doch mittlerweile jedes Kind in Dänemark Wikingerschätze findet. Dazu kommen blöde Sprüche, wie „Dafür werdet ihr auch noch bezahlt" oder „Fünf Jahre Studium? Das können wir auch so!" Ändern wird sich in naher Zukunft nichts, denn die Regierung hat andere Probleme und der Run auf Wünschelruten ist ungebrochen. Also nicht wundern, wenn du im Morgengrauen eine Gruppe Menschen mit Spaten und Lupen bewaffnet über Felder laufen siehst.

SKAGENS MALER

Mitte des 19. Jhs. war Skagen dem Untergang geweiht: Armut, Überschwemmungen, Sandverwehungen und null Perspektive. Doch dann kamen die Retter Peder Severin Krøyer (1851–1909) und Michael Ancher (1849–1927) mit ihren Pinseln, begeisterten sich am Licht und an der Landschaft, brachten die Schönheiten Skagens auf Leinwand und gründeten eine Künstlerkolonie. Es entstanden Werke, die die Gegensätze Skagens besser nicht hätten zeigen können. Einerseits die vom Himmel und vom Licht blau überstrahlte Landschaft und im Vordergrund das harte und triste Leben der Fischer. Bis heute faszinieren die Werke der Skagen-Maler ungemein. Also auf nach Kopenhagen in die *Hirschsprung'sche Sammlung (hirschsprung.dk),* wo viele der Skagen-Bilder zu sehen sind.

VERRÜCKTES VÖLKCHEN

Die dänische Königsfamilie ist alles andere als normal, aber immer nahe am Volk – und sie schlägt auch gerne mal über die Stränge. Das ist wahrscheinlich der Hauptgrund dafür, dass die Dänen der Monarchie schon seit den Zeiten von Harald Blauzahn die Treue halten. Prinz Henrik lud einst mit offener Hose zum Neujahrsempfang, schrieb Liebesgedichte an seine Dackel und konnte zu Lebzeiten nicht die Finger vom französischen Wein lassen. Königin Margrethe zieht öffentlich ganz genüsslich am Glimmstängel und lässt sich einen Burger in einem amerikanischen Fast-Food-Restaurant schmecken. Selbst der königliche Nachwuchs zeigt sich alles andere als majestätisch: Frederik strippt betrunken in Aalborger Kneipen, flirtet gerne fremd und unternimmt Schlittenhundexpeditionen durch Grönland. Doch egal, was sie auch tun, das dänische Volk wird sie immer lieben.

Königliche Kreativität: Margrethe II. entwirft auch Kostüme für Inszenierungen im Tivoli

ESSEN SHOPPEN SPORT

Hier trifft man sich seit jeher: das Jernbane Cafeen in Kopenhagen

7 morgen
2 nat
det
gamle
værtshus
Københavns 3. bedste værtshus
"82"
WE LOVE COFFEE

ESSEN & TRINKEN

KÜCHENREVOLUTION

Die dänische Küche hat eine Revolution erlebt, und Dänemarks Köche haben mit neuer, frischer, regionaler Küche einen Trend gesetzt. Jüngere und junge dänische Köche wie René Redzepi, Kenneth Hansen und Allan Poulsen, Nikolaj Kirk, Morten Nielsen oder die Zwillinge Jesper und Richard Koch haben das einstige Nationalgericht Kartoffeln mit reichlich brauner Soße gegen internationale Kreationen mit Pfiff ausgetauscht.

DIE „NEUE NORDISCHE KÜCHE“

Besonders Claus Meyer ist es zu verdanken, dass Dänemark heute auf der gastronomischen Landkarte keine Terra inkognita mehr ist: Der Kopenhagener Starkoch startete vor einigen Jahren gemeinsam mit anderen skandinavischen Spitzenköchen die Initiative einer „Neuen Nordischen Küche“ und engagierte sich für ein neues dänisches Esserlebnis. Grundlage dazu ist das Nordische Küchenmanifest. Es beinhaltet, dass nur lokale und frische Rohwaren in den Kochtopf kommen. Eine Vielzahl an dänischen Köchen orientiert sich an diesem Küchenmanifest und heimst dadurch nationale und internationale Preise ein. So zum Beispiel in Kopenhagen das *Noma*, ein Restaurant der Spitzenklasse (das allerdings seine Schließung für Ende 2024 angekündigt hat), das unter René Redzepi Weltgeltung erlangte, oder das *Kadeau*, wo Nicolai Nørregaard seine Gerichte aus regionalen Zutaten von der Insel Bornholm zaubert. Beide Restaurants bekamen Michelinsterne und Gault-Millau-Hauben verliehen und gehören zu den besten der Welt. Doch auch in anderen Landesteilen wird nach dem Nordischen Küchenmanifest gekocht. So zum Beispiel im *Hærværk* in Aarhus oder in der *Villa Vest* in Lønstrup.

Smørrebrød mit Krabben und Ei, danach eine marzipangefüllte Zimtstange

TRADITION & BACKKUNST

Dennoch sind, gerade auf dem Land, viele dänische Restaurants und Kros, die Landgasthöfe, noch traditionsbewusst: Hier gibt es typische Gerichte, gern mit Fisch und Fleisch, wie früher und zu Preisen von 30–40 Euro für das Hauptgericht.

Wichtiger als ein Restaurant aber ist der lokale Bäcker: Kaum ein Dorf, in dem es nicht mindestens einen Bäcker gibt. Das Süße hat im dänischen Leben seinen festen, unerschütterlichen Platz. Legende ist die Zahl an Blätterteigkreationen; berühmt sind die Cremes, mit denen das Gebäck gefüllt wird. Die Mohnbrötchen heißen *(te)birkes* und sind so federleicht, dass einzig und allein der Mohn, mit dem sie bestreut sind, ihnen etwas Schwere verleihen kann. *Rundstykker* (Brötchen) sind tatsächlich so rund, wie es ihr Name verspricht: Sie bilden das Rückgrat der Brötchenzunft. Immer häufiger werden Brötchen und Brote mit Körnern angeboten, auch Schwarzbrot *(rugbrød)* ist verstärkt zu haben. Jeder Bäcker, der auf sich hält, hat nicht nur Backwaren im Programm, sondern auch kleine, nahrhafte Leckereien.

MORGENMAD

Fast könnte man behaupten, der Tagesablauf der Dänen richte sich fest nach *morgenmad, frokost, eftermiddagskaffe* und *middag.* Und wenn der Tag lang – und festlich – war, kommt auch noch *midnatskaffe* hinzu. Denn die Mahlzeiten einzuhalten ist so etwas wie eine nationale Pflicht – auch im hektischen 21. Jh.

Für ein reichhaltiges Frühstück, das *morgenmad,* bleibt im Alltag meist wenig Zeit. Dazu gehören nämlich neben einem Brötchen *(rundstykke)* am besten noch ein *tebirkes,* ein süßes Mohn-Blätterteigbrötchen mit *ost,* (Käse), *smør* (Butter), *marmelade, æg*

(Ei) sowie ein Glas *juice* (Fruchtsaft). Dazu gibt es für den Start in den Tag den ersten Kaffee – nicht ohne Grund liegt Dänemark beim Kaffeeverbrauch pro Kopf weltweit auf einem Spitzenplatz. Dann geht es los zur Arbeit – denn das Agrarland ist längst auch eine modernen Dienstleistungsgesellschaft, in der die Zahl der Fischer und Landwirte stetig zurückgeht.

Grün auf den Teller! Kräuterküche im Restaurant Kadeau auf Bornholm

FROKOST UND MIDDAG

Der Wandel der Zeit wirkt sich auch auf die Essgewohnheiten aus. Das *morgenmad* gibt es meist nur noch am Wochenende. Dann aber in aller Ruhe, stundenlang. Dass die Dänen aber schon früher ihre Essgewohnheiten den Zeiten angepasst haben, kann man leicht an ihrem „Essenswortschatz" ablesen: Erst mittags zwischen zwölf und eins macht das Königreich Frokost-Pause. *Frokost* – *fro* bedeutet früh – nimmt man schon lange nicht mehr am Vormittag als eine Art zweites Frühstück zu sich. Dafür immer noch gern mit einem *smørrebrød,* einem köstlich belegten Butterbrot. Ganz konsequent wanderte das traditionelle *middag* als warme Mittagsmahlzeit in die frühen Abendstunden. Wer zum *middag* eingeladen ist, sollte seine(n) Gastgeber nicht vor 18 Uhr überraschen. Selbst der geliebte *eftermiddagskaffe,* der Kaffee am Nachmittag, muss da am Werktag notgedrungen meist übersprungen werden und verschiebt sich auf Wochenende oder Urlaub. Dann aber bestätigt sich das Sprichwort: Norweger essen, um zu leben, Schweden leben, um zu trinken – Dänen, um zu essen.

SKÅL!

Auf dein Wohl! Weltklasse sind der Aquavit und besonders die Biermarken Tuborg und Carlsberg, beides klassische Pilsner. In Dänemark gibt es einen relativ neuen Trend: Mikrobrauereien mit oft aus regionalen Rohwaren gebrauten Bieren laufen den Biermultis zunehmend den Rang ab. Diese Mikrobrauereien – landesweit gibt es mehr als 100 – setzen immer neue Akzente und bringen längst nicht mehr nur zu Ostern oder Weihnachten ein spezielles Bier auf den Markt. Sie mischen auch munter außergewöhnliche Zutaten wie Lakritz, Tannennadeln, Zimt, Chili oder Schokolade unter das Bier. Eine Übersicht findest du auf *ale.dk* unter dem Menüpunkt *Bryggerier.*

INSIDER-TIPP
Lakritzbier, Kiefernbräu, Schokopilsner

Unsere Empfehlung heute

Vorspeisen

MAKRELSALAD
Makrele in Tomatensauce mit Sahnehaube auf Roggenbrot

SMØRREBRØD
Schwarzbrot, belegt mit paniertem Fischfilet, Krabben, geräuchertem Hering, Leberpastete, Hackseak und anderem

STEGT ÅL
Gebratener Aal aus dänischen Gewässern mit Schwarzbrot und Remoulade

Hauptgerichte

DANSK BØF
Frisch zubereitete Frikadellen mit gebratenen Zwiebeln, Kartoffeln und Roter Bete als Beilage

FYLDT RØDSPÆTTE
Gebratene, mit Krabben oder Muscheln gefüllte Scholle

BIKSEMAD
Pfannengericht aus Kartoffeln, Gemüse und Eiern

FLÆSKESTEG
Schweinebraten – mit Kräutern und Gewürzen mariniert – mit Rotkohl und Kartoffeln

ANRETNING
Zehn Gänge, warme und kalte Speisen: Fisch und Fleisch, Käse und Desserts

ÆGGEKAGE PÅ PANDE
Eierpfannkuchen, gefüllt mit Tomaten, Schnittlauch und Speck

Desserts

KANELSTANG
Blätterteig, mit Mandelsplittern, Marzipan und Zimt gefüllt

WIENERBRØD
Gebäck aus Weißbrot mit einer Füllung aus Marzipan oder Buttercreme, garniert mit Mandelsplittern

Getränke

AALBORG AKVAVIT
Mehr als zehn verschiedene Sorten Schnaps aus Aalborg – der mildeste ist der mit Dill

GAMMEL DANSK
Dänischer Magenbitter, bestehend aus 20 Gewürzen

GLØGG
Glühwein nach Hausrezept mit vielen Gewürzen, dazu gibt es Rosinen und Mandeln

SHOPPEN & STÖBERN

INSIDER-TIPP
Designerklamotten für ein paar Kronen

NACHTTÖPFE UND WOLLSOCKEN

Dänen lieben das Kunsthandwerk. Die einen arbeiten professionell mit Verkauf in der eigenen Galerie. Die anderen sind Hobbykünstler und bringen ihre Werke auf Märkten und an Straßenständen an den Mann. Das macht das Angebot so vielfältig. Du kannst vom getöpferten Nachttopf über gestrickte Wollsocken bis zu mundgeblasenen Vasen und stilvollen Aquarellen alles kaufen. Tipps und Einkaufsführer gibt es unter *dkod.dk*.

DÄNEMARKS PRÊT-À-PORTER

Nicht nur auf der Copenhagen Fashion Week stellen dänische Modemacher ihr Können unter Beweis. Ihre Mode gibt es längst in New York und Paris zu kaufen. Kopenhagen ist ein Mekka edler Modeboutiquen. Die Sportmarke Hummel ist Ausstatter vieler internationaler Fußballclubs, und Ecco-Schuhe werden überall auf der Welt getragen. In vielen *Genbrug-Läden* findest du dänische Designermode zu Schnäppchenpreisen. Viele Boutiquen geben Ausstellungsstücke und Rückgabeware zum Genbrug.

VORSICHT, ZERBRECHLICH!

Holmegaards Glasværker (rosendahl.com) verkauft seine edlen Glasprodukte in Designergeschäften im ganzen Land. Lokale *Glas-Pusterien* bieten eigenwillige Werke oder stellen Stücke nach deinen Vorstellungen her. Infos zu lokalen Glasbläsereien bekommst du in den Touristenbüros oder unter *visitdenmark.de*.

LEBENDES LICHT

Kerzen heißen auf Dänisch *levende lys:* lebendes Licht – ein deutlicher Hinweis darauf, welche Wertschätzung sie in Dänemark genießen. Sie

Shoppingvielfalt: Designermöbel von heute und Kleider wie aus den 1960ern

sind meist nicht teuer, weil sie in großer Zahl und industriell produziert werden. Es gibt sie in allen Formen und Farben. Vor allem an der jütländischen Westküste werden Kerzen aber oft noch von Hand gezogen – überall findest du entsprechende Werkstätten.

IM PORZELLANLADEN

Porzellan von *Royal Copenhagen* ziert die Tafeln des Königshauses. In den Stores in Kopenhagen, Odense, Aalborg und Aarhus wird das Geschirr exklusiv vertrieben. Die bürgerlichen Dänen stehen seit 1953 auf *Aida-Porzellan (aidadenmark.com).* Das schlichte weiße Porzellan wird in Haushaltsgeschäften im ganzen Land vertrieben.

WIE MAN SICH BETTET …

Dänische Möbel stehen für klare Linien, Funktionalität und Zeitlosigkeit. Dänisches Design zu günstigen Preisen bietet *Jysk (jysk.dk),* ein Möbelhaus, das auch in Norddeutschland Filialen besitzt. *Ilva (ilva.dk)* und *Selta (selta.dk)* haben Filialen in allen größeren Städten. Ihr Angebot reicht von Massenware bis hin zu edlen Designerstücken. Südjütländische Möbelgeschäfte liefern oftmals auch nach Deutschland.

FÜR HALS UND HANDGELENK

Skagens Landschaft hat nicht nur zahlreiche Maler inspiriert, sondern auch Uhrmacher. Skagen-Uhren findet man in allen Juweliergeschäften landesweit. Modelle aus früheren Kollektionen gibt es oft zu günstigen Preisen. Schmuck aus Bernstein wird überall in den Küstenorten verkauft. Wirklich hochwertig gearbeitete Schmuckstücke mit dem fossilen Harz gibt es allerdings nur in Spezialgeschäften oder bei Juwelieren.

SPORT

Dänemark ist zu allen Seiten vom Meer umgeben – ein Eldorado für Wassersportler. Ob Segeln im südfünischen Inselmeer, Kajaktouren rund um Læsø, Surfen auf dem Ringkøbing-Fjord und dem Limfjord oder Tauchen auf Bornholm: Jede Region bietet andere Möglichkeiten. Die Dänen sind sportbegeistert – auch deshalb ist die Qualität des Angebots so hoch.

Angler geraten beim Küstenangeln ebenso ins Schwärmen wie bei einem Hochseeangeltörn. Auch auf dem Land ist Aktivurlaub im kleinen Königreich Genuss statt Frust: Rund 12 000 km markierte Radwege erschließen das hügelige Land, in dem die höchsten „Berge" nicht einmal 200 m messen. Golfer finden rund 170 attraktive Anlagen, vom Seaside-Platz bis zum Indoorgreen. Anders gesagt: Niemand bleibt faul im Staate Dänemark.

ANGELN

Petri Heil in Dänemark! Hier kann man überall seine Rute auswerfen. Einzige Ausnahme bilden die inneren Hafenbereiche sowie ein 50-m-Umkreis von Privatgrundstücken. Wer zwischen 18 und 67 Jahre alt ist (ab 67 angelt man umsonst), holt sich einfach im nächsten Touristenbüro einen Angelschein *(fisketegn.dk)*. Der kostet pro Tag ab 40, pro Woche ab 130 und fürs Jahr ab 185 Kronen. Jetzt kann man den großen Fisch an Land ziehen. Zum Beispiel an den Seen oder den kleinen Bächen (dänisch: Å) im ganzen Land. Wer rauen Wind liebt, kann auch zum Hochseeangeln hinausfahren. In Dänemark sind selbst viele Ferienhäuser anglerfreundlich mit Boot und Ausnehmebecken. An den Put-&-Take-Seen kannst du auch ohne Schein angeln. Mehr Infos für Petrijünger gibt es bei *Danmarks Sportsfiskerforbund (Skyttevej 5 | DK-7182*

Perfektes Segelrevier: die dänische Südsee, hier vor der Insel Als

Bredsten | Tel. 75 82 06 99 | sportsfiskeren.dk). In der zwischen Karup und dem Skive Fjord gelegenen Karup Å kannst du die dicksten Meerforellen Europas fangen. Hier haben die Fische ein Durchschnittsgewicht von 6 kg.

INSIDER-TIPP
Ein ganz dicker Fisch

GOLF

Golf ist in Dänemark Volkssport und bei Weitem nicht so elitär wie in Deutschland. Du brauchst also lange nicht immer ein Handicap oder exklusive Bekleidung, um den Schläger zu schwingen. Manche der landesweit 169 Plätze sind zum Golfen viel zu schade: Manchmal stockt einem der Atem bei der traumhaften Lage. Der Golfplatz *Great Northern (Great Northern Avenue 1 | Kerteminde | greatnorthern.dk)* wurde Ende 2017 eröffnet und gehört zu den schönsten Plätzen Skandinaviens. Das Wasser spielt hier eine strategische Rolle – insgesamt wurden sieben künstliche Seen angelegt. Informationen zu allen Plätzen bekommst du bei *Danmarks Golf Union (golf.dk).*

MEERKAJAK

Paddeln kannst du an der Westküste, die eher etwas für erfahrene Kajaker ist, ebenso wie in Kattegat und Ostsee. Sogar auf Kopenhagens Kanälen kann man eine „Stadtrundfahrt" per Kajak machen *(Kayak Republic | Tel. 22 88 49 89 | kayakrepublic.dk).* Bekanntester Kajakfluss ist die Gudenå im Silkeborger Seenhochland. Mehrtägige Touren bietet das *Silkeborg Kanocenter (silkeborgkanocenter.dk)* an. International bekannt bei Meerkajakfans ist das Südfünische Inselmeer. Einrichtungen mit Kajakhäfen, Kajaktrailern und Übernachtungsmöglichkeiten sind beste Voraussetzungen für entspanntes Paddeln. *Smakkecenter*

(smakkecenter.dk) auf Strynø veranstaltet Kajaktouren durch die südfünische Inselwelt. Eine Woche mit dem Hochseekajak rund um Ærø geht es mit dem *Havkajak Center Marstal (marstalkajakklub.dk)*, das auch Tages- oder Wochenendkurse anbietet.

RADFAHREN

Das Land der Radler: Wenn Dänemark einen Titel verdiente, dann sicher diesen. Beim Ausbau des Radwegenetzes werden weder Mühe noch Kosten gescheut, keine neue Straße wird gebaut, ohne dass gleichzeitig ein Radweg angelegt wird. Der Zustand der eine Gesamtlänge von über 12 000 km umfassenden Radwege ist hervorragend, neuerdings ist man sogar dazu übergegangen, die Radwege genauso wie Straßen mit einem Mittelstreifen zu versehen. Im Unterschied zu Deutschland ist in Dänemark direktes Linksabbiegen jedoch verboten: Die Kreuzung ist in Fahrtrichtung zu überqueren, dann wird angehalten, anschließend die Fahrbahn überquert.

Der *Nordseeradwanderweg* führt ebenso durch das Land wie der *Ostseeradwanderweg*. Auch rund um den Limfjord liegen ausgebaute Radwege. Selbst die Hauptstadt Kopenhagen lässt sich am besten per Rad erkunden *(kk.dk)*. Radwanderkarten erhältst du im Buchhandel oder in den örtlichen Touristenbüros. Allgemeine Infos und Routenbeschreibungen unter *cyklistforbundet.dk* oder *visitdenmark.com*.

SCHWIMMEN

Dänen sind Wasserratten! Öffentliche Schwimmbäder *(livredning.dk/haller)* sind flächendeckend vorhanden und bieten günstiges Schwimmvergnügen. Auch viele Hotels und Campingplätze besitzen eigene Bäder. Von Juni bis Ende August öffnen die *Havnebader* mit abgesperrtem Schwimmbereich, Rutschbahnen und Sonnenterrassen in den Häfen. Das bekannteste ist *Islands Brygge* in Kopenhagen. *svoemkbh.kk.dk/havnebade*

Hartgesottene Urlauber können auch beim Eisschwimmen mitmachen. Bei Minustemperaturen trifft man sich zum Beispiel am Limfjord und planscht gemeinsam im eiskalten Wasser. Nicht weniger abenteuerlich sind die Open-Water-Veranstaltungen. So kann man zum Beispiel beim *Aalborg Open Water (aalborgsvommeklub.dk)* den Limfjord durchschwimmen.

SEGELN

Es könnte sein, dass es mehr Häfen in Dänemark gibt als Hotdogbuden. Segeln ist Volkssport, ob auf der Nordsee, der Ostsee oder auf den Seen rund um Silkeborg. Die Liegegebühren sind moderat, auch die kleinsten Häfen verfügen über gepflegte sanitäre Einrichtungen, fast immer ist zumindest ein kleinerer Supermarkt in Hafennähe. Sehr schön – und sehr beliebt – sind die Gewässer der dänischen Südsee. In der Hochsaison kann es manchmal etwas eng werden, aber auch das tut der entspannten Atmosphäre in den Häfen keinen Abbruch. Alle notwendigen Informationen erhältst du bei der *Dansk Sejlunion (Brøndby Stadion 20 | DK-2605 Brøndby | Tel. 88 20 70 00 | dansksejlunion.dk)*.

Wasser ist fast immer in der Nähe bei einer Radtour in Dänemark

TAUCHEN

Knapp 5000 Schiffswracks rosten in den Gewässern des Landes vor sich hin: Abenteuer genug für Generationen von Freizeittauchern. Aber Vorsicht! Nicht ganz so erfahrene Abtaucher sollten sich vor jedem Tauchgang über die jeweiligen Strömungsverhältnisse informieren. Viele Gewässer sehen zwar auf den ersten Blick nicht so aus, aber sie können tückisch sein. Besonders in Küstennähe geht es unter Wasser oft recht turbulent zu.

Die meisten dänischen Tauchclubs machen es möglich, dass Gäste mit auf Tauchtouren gehen können – immer noch die beste und sicherste Art des Untergehens, vor allem für Anfänger und Ortsunkundige. Auskünfte über die Aktivitäten von Tauchclubs stehen oft auf den Informationstafeln der Hafenmeistereien dänischer Häfen. Infos bekommst du auch beim *Dansk Sportsdykker Forbund (Brøndby Stadion 20 | DK-2605 Brøndby | Tel. 43 26 25 60 | sportsdykning.dk).*

WINDSURFEN

Das kleine Klitmøller ist der Windsurfer-Hotspot in Jütland. Hier treffen sich Surfer aus aller Welt, um es mit den rauen Nordseewellen aufzunehmen. Wer hier aufs Brett steigt, ist Profi. Anfänger melden sich am besten in einer der Surfschulen an *(visitdenmark.de)* oder versuchen es am Limfjord, am *Krik Vig* *(📖 A4)* oder nördlich davon am *Flade Sø*. Hier sind die Wellen ruhiger. Auch am Großen Belt liegen gute Surf-Locations. Immer daran denken: Ohne Schwimmweste darf man in Dänemark nicht aufs Brett.

DIE REGIONEN
IM ÜBERBLICK
Skagerrak
NORDJÜTLAND S. 68
Aalborg
Vesterhavet
MITTELJÜTLAND S. 54
Aarhus
Esbjerg
SÜDJÜTLAND S. 38
Odense
FÜNEN S. 84
Grenzgeschichten
an zwei Meeren
und Inseln
zum Verlieben
DEUTSCHLAND
Märchenschlösser,
Andersens Märchen
und dänische
Gärten

Dänemarks Spitze: Wo Kattegat und Skagerrak zusammentreffen

tegat

Ferienorte mit Sandstränden und einsame Küstengebiete

SVERIGE

KØBENHAVN

SEELAND & SÜDLICHE INSELN S. 104

Bildschöne Südseeinseln und eine lebenswerte Hauptstadt

Bornholm (DK)

Østersøen

50 km
31.07 mi

SÜD-JÜTLAND

RAUER WESTEN UND MILDER OSTEN

Langeweile? In Südjütland ein Fremdwort. Wer hier seinen Familienurlaub verbringt, kann wirklich was erleben!
Die einen geben Geld in den Fußgängerzonen von Ribe und Sønderborg aus, die anderen werfen am Meer oder an den Bächen die Angel aus oder lassen sich durchs Ribe Bryghus führen. Wie wär's mit einem Surfkurs in Blåvand? Oder hoch zu Ross die Schönheiten von Fanø kennenlernen? Den nächsten Tag verbringt ihr dann gemeinsam am Strand. Aber Strand ist hier noch lange nicht Strand, denn

In der Stadt der bunten Steine: das Lego House in Billund

die Unterschiede könnten größer nicht sein. Du liebst die ruhige See, das üppige Grün und baust gerne Strandskulpturen aus Kieselsteinen? Dann findest du deinen Traumstrand garantiert an der Ostsee. Du liebst den rauen Wind, die frische Brandung, hohe Dünen und kilometerlange Sandstrände? Dann immer den schiefen Bäumen nach in Richtung Westküste. Solltest du dich einmal gar nicht entscheiden können, dann ist das auch nicht schlimm, denn zwischen Nord- und Ostsee liegt maximal eine Stunde Autofahrt.

SÜDJÜTLAND
Henne Strand
Filsø
Vejers Strand
Blåvand
Ho Bugt
Grindsted
Legoland
Kvie Sø
30
Billund
Varde
10
Karlsgårde Sø
72 km, 50 Min.
123 km, 1 Std. 20 Min.
E20
S. 48
Esbjerg
Vejen
9
Fanø
Sandstrand von Fanø
Vade-
havet
Fanø
Bugt
Ribe
S. 44
Altstadt
4
Mandø
6
Rømø
5
Marsk Tower
11
Sønderstrand
SYDDANMARK
79 km, 1 Std. 20 Min.
Sylt
Westerland
Møgeltønder
8
7
Tønder
8
DEUTSCH-
Niebüll
Leck
SCHLESWIG-
HOLSTEIN
Föhr
Wyk auf Föhr

Horsens
MIDTJYLLAND
18
30
E45
Hedensted
Fårup Sø
Engelsholm Sø
28
13 Vejle
Vejle Fjord
Rands Fjord
Fredericia
S. 51
Kolding
Middelfart
Kunstmuseum Trapholt
DANMARK
11 Haderslev
12 Årø
SYDDANMARK
Slivsø
E45
Arreskov Sø
Faaborg
Nordborg
Lillebælt
3 Aabenraa
Hostrup Sø
8
S. 42
Sønderborg
Gråsten 2
Dybbøl Banke 1
Flensburg
Handewitt
LAND
Südensee
A7
10 km
6.21 mi
MARCO POLO HIGHLIGHTS
★ ALTSTADT VON RIBE
Eine ganze Stadt als Denkmal ➤ S. 44
★ FANØ
Breiter Strand und jede Menge Maritimes auf der einstigen Walfängerinsel ➤ S. 50
★ HENNE STRAND, VEJERS STRAND, BLÅVAND
Dünen, Sand und Meer, so weit das Auge reicht ➤ S. 49
★ KUNSTMUSEUM TRAPHOLT
Eines der schönsten Museen Dänemarks ➤ S. 51
★ LEGOLAND
Im Schlaraffenland der bunten Bausteine ➤ S. 53

Königlich, anmutig: die Königsyacht „Dannebrog" (Bj. 1932) am Kai von Sønderborg

SØNDERBORG

(D11) **Sønderborg mit seinen 27 000 Ew. ist eine Hauptstadt. Zwar nur die Hauptstadt der Insel Als, aber außerdem Hafenstadt und Grenzstadt zu Deutschland.**
Sønderborg will entdeckt werden. Wie das Wikingerboot, das man aus dem Nydammoor ganz in der Nähe barg. Oder der kleine Hafen von Egernsund mit seinen Werften, auf denen in Handarbeit Holzkutter repariert werden. Oder der Leuchtturm von Fynshav, der so typisch dänisch dasteht und doch von den Preußen gebaut wurde. Die ganze Region entdeckt man am besten per Fahrrad, denn die schönsten Radwege führen oberhalb der Flensburger Förde entlang.

SIGHTSEEING

SØNDERBORG SLOT

Mal Schloss, mal Gefängnis, mal Lagerraum, mal Lazarett und immer heiß umkämpft! Kein Wunder bei der Lage über der Sønderborg-Bucht und am Sund von Als. Die kriegerischen Ereignisse sind in dem roten Backsteingebäude eindrucksvoll und lebendig dokumentiert. *April–Okt. tgl. 10–17, Nov.–März Di–So 10–17 Uhr | Eintritt 95 Kronen | msj.dk/soenderborg-slot*

ESSEN & TRINKEN

BALLEBRO FÆRGEKRO

Inspirierte Küche, mal französisch, mal nordisch, serviert in einem Pavillon im Stil des ausgehenden 19. Jhs. am Sund von Als. Tischreservierung erforderlich! *Di–Sa 14–22 Uhr | Færgevej 5 | Tel. 74 46 13 03 | ballebro.dk | €€€*

SHOPPEN

RØNHAVESLAGTEREN

Der vielleicht beste Metzger Jütlands. Sune Hansen verarbeitet nur dänisches Qualitätsfleisch. Hier bekommst du die typischen dänischen Pølser, bestes Grillgut und leckere Mittagsgerichte mit Beilagen. Die Salami wird nach uralten Rezepten hergestellt. *Di–Fr 8.30–17, Sa 9–13 Uhr | Hestehave 24 | ronhaveslagteren.dk*

RUND UM SØNDERBORG

1 DYBBØL BANKE

3,6 km/10 Min. mit dem Auto über die südlichste Als-Sund-Brücke

Ein nationales Monument. 1849 schon einmal Kriegsschauplatz, wurden die zehn Düppeler Schanzen am 18. April 1864 nach fünf Wochen Belagerung von den Preußen gestürmt – diese Niederlage führte zum Verlust von Südjütland an Preußen. An jedem Jahrestag findet vor Ort eine große Gedenkveranstaltung statt, der *Dybbøldagen*. *Dybbøl Banke 16 | April–Okt. tgl. 10–17 Uhr | Eintritt 130 Kronen | 1864.dk | D11*

2 GRÅSTEN

18 km/20 Min. mit dem Auto über Primærruter 8 und Landstraße 401

Schloss Gråsten ist die Sommerresidenz der königlichen Familie: Wenn die da ist, gibt es prunkvolle Paraden durch den Ort mit einer märchenhaften Wachablösung am Schloss, freitags mit Konzert. Die Schlosskirche ist liebevoll geschmückt. Nicht nur im Schlossgarten wächst Dänemarks „Nationalapfel", der Gråsten-Apfel. *kongeligeslotte.dk | C11*

3 AABENRAA

36 km/30 Min. mit dem Auto über Primærruter 8 und Landstraße 170

Aabenraa steht für weiße Kirchen, historische Häuser, Kopfsteinpflastergassen, Hafen, Sandstrände und wilde Küstenabschnitte. Pack die Badehose ein, und dann ab ins Schwimmbad der *Arena Aabenraa (Mo/Mi 5.30–8 u. 15–19, Di/Do 5.30–8 u. 18–21, Fr 5.30–8, Sa 12–16.30, So 8–16.30 Uhr, in den Sommerferien tgl. 11–18 Uhr | 50 Kronen, bis 14 Jahre 40 Kronen, Wellnesseinrichtungen inklusive | Hjelmallé 3 | arenaaabenraa.dk)*: Hier wartet „Black Hole" auf dich, eine 60 m lange Rutschbahn, oder du entspannst im türkischen Bad. Die Kleinen können mit Wasserkanonen schießen oder in der Paddelhütte spielen. Im *Barfodspark (tgl., Anmeldung erforderlich | 50 Kronen | Klovtoftvej 32 | Klovtoft | urklinik-barfodspark.dk)* gehen deine Füße auf Entdeckungsreise. Nimm einen Schluck aus dem Wasserhahn! Aabenraa hat das beste und wohlschmeckendste Trinkwasser Dänemarks. Es ist sogar preisgekrönt und reich an Mineralstoffen,

INSIDER-TIPP **Wasser marsch!**

da es aus Niederschlägen gewonnen wird, die in tiefe Erdschichten sickern. *C10*

RIBE

(B9) **Ribe (8300 Ew.), das ist für viele Liebe auf den ersten Blick. Modernes Stadtleben in historischer Kulisse und mittendrin der prächtige Dom.**

Late-Night-Shopping in urigen Gassen, spannende Museen, das Zentrum umschlungen vom Flusslauf der Ribe Å (Å = Au): Ribe ist die älteste Stadt Dänemarks und das ganze Jahr über Schauplatz von Events, Konzerten und Veranstaltungen. Fast vor der Haustür liegt der Nationalpark Wattenmeer mit seinen traumhaften Sandstränden, spektakulären Sonnenuntergängen und den malerischen Inseln Fanø, Mandø und Rømø, die man von Ribe aus schnell erreicht.

SIGHTSEEING

ALTSTADT ★

Das auf Dänisch „Hygge" genannte Gefühl erlebt man intensiv wie sonst nur selten in der Altstadt von Ribe: Gelassenheit, eine behagliche Idylle – als sei die Zeit stehengeblieben. In der Mitte steht unangreifbar der mächtige *Dom (April, Okt. tgl. 11–16, Mai–Sept. 10–17, Juli/Aug. 10–17.30, Nov.–März 11–15 Uhr | Turmbesuch 25 Kronen | ribe-domkirke.dk)*, und selbst der ist

Dänemarks älteste Stadt: Die Altstadt von Ribe steht unter Denkmalschutz

gemütlicher, als Kirchen es üblicherweise sind. Rundherum verschlungene Gassen mit holprigem Kopfsteinpflaster und schiefen Fachwerkhäusern, in den Gärten weht der Danebrog, und Rosenstöcke klettern die Regenrinnen entlang. Über 1300 Jahre ist Ribe alt, und wenn man durch die Altstadt spaziert, dann ist das wie ein Gang durch die Jahrhunderte. Setz dich in eins der Straßencafés: Cappuccino trinken, die Ribe Å rauschen hören und hyggelig sein. Danach ist Zeit für einen Einkaufsbummel durch die kleinen Geschäfte und von Mai bis September mittwochs über den Wochenmarkt.

NACHTWÄCHTERTOUR

Früher behielten sie das Meer im Auge, zündeten die Lampen an und beschützten die Bürger. Heute ziehen sie mit Touristen durch die Stadt, singen Lieder, erzählen Anekdoten und sagen Verse auf – das alles auch auf Englisch. Bei einer Nachtwächtertour erlebst du das historische Ribe ganz intensiv. *Mai–Okt. 20 Uhr, Juni–Aug. 20 u. 22 Uhr, Dez. Fr/Sa 16 Uhr | kostenlos | Treffpunkt: Torvet*

VADEHAVSCENTRET

Das Wattenmeerzentrum wurde 2017 neu eröffnet: alles mit Reet gedeckt, als würden die Gebäude aus dem Boden wachsen. Drinnen 1000 m² Ausstellungsfläche mit spannenden Informationen über das Wattenmeer und rund um die Welt der Zugvögel in Dänemark. Auch im Angebot: geführte Touren ins Watt, um Vögel zu beobachten oder Austern zu sammeln. *Mai–Okt. tgl. 10–17, Nov.–April 10–16 Uhr | Eintritt 120 Kronen, Kinder 50 Kronen | Oksholmvej 5 | Vester Vedsted | vadehavscentret.dk | 2–3 Std.*

WIKINGERCENTER

3 km südlich von Ribe wurde eine der bedeutendsten Wikingerburgen Jütlands rekonstruiert. Es wird wie zu Thors Zeiten Handel getrieben, du kannst den Wikingern bei ihrer Arbeit zusehen und erfahren, wie sie einst lebten. Im April/Mai findet hier alljährlich ein großer Wikingermarkt statt. *Wechselnde Öffnungszeiten, siehe Website | Eintritt 130 Kronen, Kinder 65 Kronen | Lustrupvej 4 | ribevikingecenter.dk*

ESSEN & TRINKEN

SÆLHUNDEN

Der „Seehund" ist in einem 400 Jahre alten Haus unmittelbar an der *Ribe Å* untergebracht. Ob du klassische Fischgerichte mit frischem Fisch aus Esbjerg wählst oder Fleisch bevorzugst: Alles ist gut und lecker. *Tgl. 11–22 Uhr | Skibbroen 13 (an der Kammerslusen) | Tel. 75 42 09 46 | saelhunden.dk | €€*

WEIS STUE

Einfache Gerichte wie gebratene Scholle oder Schnitzel mit Pommes frites werden vor dem Fachwerkhaus serviert, dessen Inneres mit einer ungemein gemütlichen Atmosphäre überzeugt. Im Sommer solltest du unbedingt versuchen, einen Platz im Garten zu bekommen – und dort den hausgemachten Kuchen probieren.

Tgl. ab 11.30 Uhr | Torvet 2 | Tel. 75 42 07 00 | weis-stue.dk | €€€

RUND UM RIBE

4 MANDØ

21 km/37 Min. mit dem Auto über die Primærruter 11 u. Låningsvejen

Um nach Mandø zu kommen, heißt es: Gezeiten beachten! Ab Vester Vedstedt führt eine Piste durchs Watt, die nur bei Niedrigwasser befahrbar ist. Wenn du dich nicht alleine hinüber zu der 8 km² große Insel traust, kannst du auch mit dem *Mandøbus (März–Okt. | 75 Kronen | Tel. 75 44 51 07 | mandoebussen.dk)* fahren, einem Traktor mit angehängtem Personenwagen. Der Reiz dieser Insel mit ihren 75 Einwohnern ist die Einsamkeit. Das heißt aber nicht, dass du auf der Insel nichts erleben kannst: Bei einer „Austernsafari" kannst du die Schalentiere im Watt sammeln, gleich genießen und dazu Champagner trinken *(375 Kronen | bb-mandoe.dk).* *B9*

5 MARSK TOWER

24 km/30 Min. mit dem Auto über die Primærruter 11

Ein Stahlturm wie ein Korkenzieher mit einem Gewicht von fast 300 t. 146 Stufen führen 25 m hinauf zur letzten und größten Plattform, die alleine 3000 kg wiegt. Zu Füßen des Turms erstrecken sich Marschland und Wattenmeer. Bei klarem Wetter kannst du die Insel Rømø und den Sylter Ellenbogen sehen. *Mo–Fr 10–16, Sa/So 10–13 Uhr | Tickets (nur online oder telefonisch) 50 Kronen | Hjemstedvej 60 | Skærbæk | Tel. 72 18 67 80 | marskcamp.dk | B10*

6 RØMØ

40 km/45 Min. mit dem Auto über Primærruter 11 und Landstraße 175

Bevor du die Insel Rømø erreichst, fährst du über einen 9 km langen, gezeitenunabhängigen Damm durchs Wattenmeer. Auf dem Damm musst du unbedingt mal in einer der Parkbuchten halten: Was für eine Aussicht! Und die salzige Luft pustet dir die Atemwege frei. Mit dem Auto geht es dann direkt an den Sønderstrand, den breitesten Strand Europas. Dort kannst du einfach relaxen, dich in die Dünen zurückziehen, reiten, Kitesurfrunden drehen. Oder du wendest dich leiblichen Genüssen zu: Die größte Fischauswahl der Insel bietet *Otto & Ani's Fisk (tgl. 10–16 Uhr | Havnepladsen 4 | Havneby | ottooganisfisk.dk | €–€€).* Die supersaftigen Fischfrikadellen genießen nicht nur auf der Insel Kultstatus.

INSIDER-TIPP
1a Fischfrikadellen

Lust auf ganz spezielle Action? Das *Naturcenter Tønnisgård (Havnebyvej 30 | tonnisgaard.dk)* bietet zahlreiche Inselerlebnisse an: vom Krabbenfang über Bernsteinsuchen bis hin zu Wattwanderungen und Bunkerbesichtigungen. *romo-tonder.dk | A–B10*

7 TØNDER

45 km/40 Min. mit dem Auto über die Primærruter 24 und 11

Der breite Strand von Rømø ist ein beliebtes Revier der Strandsegler

Wie reich Tønder (7500 Ew.) mal war, zeigen die gepflegten historischen Backsteinhäuser mit ihren prächtigen Giebeln. Heute kommen Paare aus aller Welt zum Heiraten in das Städtchen. Es könnte auch sein, dass dir mitten im Sommer ein Nikolaus begegnet, denn das Städtchen ist Dänemarks Weihnachtshochburg. Im Weihnachtskeller der *Alten Apotheke (tgl. 10–17.30 Uhr | Østergade 1 | det-gamle-apotek.dk)* kannst du das ganze Jahr über Weihnachtswichtel *(julenisse)* und Weihnachtsschmuck kaufen.

Kann man Tønder in Stühlen ausdrücken? Ja! Der Möbeldesigner Hans J. Wegner hat es getan und die Stühle dem *Kunstmuseum (April–Okt. tgl. 10–17, Nov.–März Di–So 10–17 Uhr | Eintritt 5 Kronen | Wegners Plads 1 | msj.dk)* geschenkt. Heute sind sie im angrenzenden Wasserturm untergebracht. Das Kunstmuseum ist aber auch ohne Stühle ein Muss! Die hellen Räume und die weißen Wände lassen die – auch in Wechselausstellungen – gezeigten Werke erstrahlen. *romo-tonder.dk* | *B10*

8 MØGELTØNDER

51 km/49 Min. per Auto über Primærruter 24 und 11 und Landstraße 419

In Møgeltønder liegt Dänemarks wohl schönste Dorfstraße. Historische, zum Teil reetgedeckte Ziegelsteinhäuser reihen sich in der kopfsteingepflasterten Lindenallee aneinander, die du am besten zu Fuß erkundest. In *Mormors Lille Café (im Sommer tgl. 12–17 Uhr | Slotsgaden 9 | Tel. 73721418 | facebook.com/MormorLilleCafe | €)*

gibt es hausgemachten jütländischen Schichtkuchen und leckere Torten. Serviert wird auf Geschirr aus Großmutters Zeiten im malerischen Garten, der sich im Sommer in einen Flohmarkt verwandelt. Am Ende des Dorfs liegt das *Schackenborg Slot (Schackenborgvej 2)*. 1978 ging es in den Besitz von Kronprinz Joachim über. Der Park und einige Räume des Schlosses können bei einer einstündigen Führung besichtigt werden *(leider nur auf Dänisch | Buchung über schackenborg.dk | 140 Kronen)*. Danach kannst du im *Schackenborg Slotskro (Mi–Sa 12–15 u. 18–21, Di 18–21 Uhr | Slotsgaden 42 | Tel. 79 30 69 00 | schackenborg.dk | €€€)* sehr fein speisen. *B10*

ESBJERG

(A9) **Nein, du bist nicht auf den Osterinseln gelandet! Auch wenn die Skulpturen von Svend Wiig im Hafen von Esbjerg (72 000 Ew.) diesen Schluss zulassen.**

Sie begrüßen jährlich Tausende Schiffe, dazu noch Fähren und Ölplattformen, die hier repariert werden. Vom Hafen aus kannst du mit Ausflugsschiffen in See stechen, durch die Ho-Bucht schippern und Seehunde auf Sandbänken beobachten. Der Hafen und die Fußgängerzone sind das Herzstück der Stadt. Hier liegen über 200 Geschäfte, Restaurants und Cafés. Wenn du keine Lust mehr auf Trubel hast, suchst du dir ein Plätzchen am *Hjerting-Strand,* einem der schönsten Strände Südjütlands, oder brichst zu einer Wattwanderung auf. Esbjerg ist zudem ein Mekka für moderne Kunst. Sieh dir im Ausbildungszentrum *CVU-Vest (Degnevej 16)* das „Esbjerg-Evangelium" an, ein prachtvolles Wandgemälde, oder mach einen Spaziergang auf der Kunstroute: auf der gewähren Esbjerger Künstler Einblicke in ihre Ateliers und Galerien.

SIGHTSEEING

FISKERI- OG SØFARTSMUSEET

Schon mal einen Rochen oder einen Hundshai gestreichelt? Im Fischerei- und Seefahrtsmuseum ist das Anfassen der Fische im Niedrigbassin erlaubt. Schau unbedingt auch bei der Robbenfütterung zu. *Tgl. 10–17, Juli/Aug. 10–18 Uhr | Eintritt 150 Kronen | Tarphagevej 2 | fimus.dk | 2 Std.*

MUSIKHUSET ESBJERG

Das Schmuckstück der Hafenstadt wurde von dem Architekten Jørn Utzon zusammen mit seinem Sohn Jan entworfen. Hier treten Künstler aus der ganzen Welt auf. Das *Café Kulisse (Di–Sa 13–16 Uhr | €)* lockt nicht nur mit leckerem Kuchen, sondern auch mit Yoga, Musik zum Mitsingen, Lesungen und kleinen Konzerten zur Mittagszeit. *Tgl. 10–16 Uhr | Eintritt frei | Havnegade 18–20 | mhe.dk*

ESBJERG KUNSTMUSEUM

Über drei Stockwerke verteilt sich eine einzigartige Sammlung von Malern der Cobra-Gruppe (1948–51), surrealistische Werke von Mortensen und Jacobsen und Bilder der neuen Wilden Lemmerz und Kvium. Publikumsmagnet ist die Sammlung internationaler Grafik mit über 1000 Werken. *Di–So 10–16 Uhr | Eintritt 80 Kronen | Havnegade 20 | eskum.dk | 2–3 Std.*

NØRRESKOVEN

Tiere in freier Natur erleben: Im Tiergarten *Nørreskoven* wimmelt es nur so von Rot-, Dam- und Sikawild, und Eichhörnchen jagen durch die Baumkronen. Hier kommen die Hirsche ganz nah heran und fressen dir sogar aus der Hand. *Tgl. bis Einbruch der Dunkelheit | Eintritt frei | Gl. Vardevej | Parken am Spangsbjerg-Krankenhaus*

ESSEN & TRINKEN

FAVORITTENS SMØRREBRØD

Smørrebrød vom Feinsten: Hier kommt alles auf das Brot, was die Küche hergibt. *Mo 10–15, Di–Sa 10–19 Uhr | Kronprinsensgade 19 | favorittenssmoerrebroed.dk | €*

FLAMMEN

Bestell den Magenbitter gleich mit! All you can eat zum Festpreis. 15 Fleischsorten liegen immer auf dem Grill, zum Beispiel Wurst aus Argentinien, amerikanische Steaks oder gefülltes Wildschwein. Dazu gibt es 50 Salatzutaten zum Selbermischen und reichlich Beilagen. *Mo–Do 12–20, Fr 12–21, Sa 9.30–21, So 9.30–20 Uhr | Broen Shopping 20 | Tel. 35 26 63 76 | restaurant-flammen.dk | €€*

INSIDER-TIPP
Fleischfresser willkommen

Einer von vier: Die 9 m hohen „Männer am Meer" sind ein Wahrzeichen Esbjergs

RUND UM ESBJERG

STRÄNDE

Henne Strand 44,5 km/45 Min. mit dem Auto über die Landstraßen 463 und 465 | Vejers Strand 35,5 km/38 Min., Blåvand 40 km/40 Min. mit dem Auto über die Landstraßen 463 und 431

★ *Henne Strand,* ★ *Vejers Strand* und ★ *Blåvand:* Drei der schönsten und beliebtesten Strände des dänischen Festlands liegen nördlich von Esbjerg. Kilometerlang nichts als Dünen und Strände, meist mehr als 200 m breit. Die windumtoste

Landspitze *Blåvands Huk* ist der westlichste Punkt Dänemarks. Der 42,6 m hohe Leuchtturm wird nur noch von dem Skagens überragt. Etwas ganz Besonderes verbirgt sich im Flugsand: Bei *Kærgaard* (zwischen Henne und Vejers) liegt ein versandeter Eichenwald. Die Büsche, die hier aus dem Sand ragen, sind nichts anderes als die Kronen der Bäume – immer noch voller Leben. *A8*

9 FANØ ★

12 Min. per Fähre ab dem Hafen

Wenn sich die *Fähre (fanoelinjen.dk)* langsam in Richtung Insel bewegt, dann wirst du merken, dass auf Fanø die Zeit stehengeblieben ist. Keine Kriminalität, ein Polizist, mehr Seehunde als Einwohner, einsame Sandstrände, abgelegene Höfe, Kühe und Pferde inmitten von Waldstücken. Attraktion der Insel ist der 15 km lange Sandstrand von Fanø, der sich von Fanø-Bad bis Sønderho erstreckt. Hier kann man nicht nur wunderbar relaxen, sondern auch mit dem Strandsegler seine Runden drehen, Drachen steigen lassen oder nach Bernstein suchen. Sehr gutes Essen gibt es in *Rudbeck's Ost & Deli (So–Fr 11.30–16, Sa 11–16 Uhr | Hovedgaden 90 | Nordby | Tel. 30 44 66 11 | rudbecks.dk | €).* Außen der Charme der Hausbesetzerszene, drinnen eine Mischung aus Tante-Emma-Laden und Kantine, aber gekocht wird nur mit Inselprodukten. Die gegrillten Sandwiches sind einsame Spitze.

Sønderho im Süden mit seiner sehenswerten Seefahrerkirche und dem Kro von 1722 ist auf dem Weg in die reine Idylle – ein Postkartendorf. Hast du schon mal in einem Antiquitätenladen diniert? Im *Cafè Fajancen (tgl. 12–15 u. 18–20.30 Uhr | Sønderland 5 | Tel. 70 26 42 00 | fajancen.com | €)* wird Fanø-Lachs an uralten Tischen serviert, dekoriert mit antiken Kerzenleuchtern. *visitfanoe.dk* | *A9*

10 VARDE

18 km/30 Min. mit dem Auto über die Primærruter 12 und 11

Im Wasser laichen Lachse, in der Luft drehen Kiebitze ihre Runden, und der Ruf der selten gewordenen Wachtelkönige tönt über die Salzwiesen der Marsch. Bei Flut reicht das Wasser vom Varde Ådal bis an die Stadt Varde (13 800 Ew.) heran. Verständlich, dass du dieses Naturparadies nicht gerne verlassen willst. Trotzdem solltest du dir *Varde Miniby (Mai–Aug. tgl. 10–17, Sept./Okt. 10–16 Uhr | Eintritt 50 Kronen, Kinder bis 11 Jahre 20 Kronen | Lundvej 4E | minibyen.vardekommune.dk | Parkplätze Enghavevej und Lundvej 4B)* ansehen, die liebevoll gestaltete älteste Miniaturstadt der Welt (Maßstab 1:10). *A–B8*

KOLDING

(C9) **Kolding (61 000 Ew.), die Stadt am Fjord: kulinarisch international und mit 80 Restaurants & Co. unschlagbar.**

Kulturell eine Wucht mit acht Museen und einem Theater. Historisch ein Mekka aus Kirchen und Baudenkmälern und einer Innenstadt mit Spuren

Unendliche Weiten ... Wie gemalt präsentiert sich die Nordseeküste bei Henne Strand

der letzten Jahrhunderte. Drum herum ausgeschilderte Rad- und Wanderwege, dazu Schwimmmöglichkeiten drinnen und draußen.

SIGHTSEEING

KOLDINGHUS SLOT

Die Steinmauern sind karg, aber der Einfall des Lichts lässt sie erstrahlen. In der Mitte geschwungene Holzsäulen und an der Wand begehbare Gerüste, die einen Blick aus allen Perspektiven ermöglichen. Einen besseren Ort für Ausstellungen hätte man kaum finden können: Hier vereint sich dänische Kunst mit der Grenzgeschichte. Zu sehen ist auch die größte dänische Silbersammlung. *Tgl. 10–17 Uhr | Eintritt 125 Kronen | Koldinghus 1 | kongernessamling.dk/koldinghus.* Im Nordflügel liegt das Restaurant *Madkælderen (tgl. 11.30–15 u. 18.30–22 Uhr | Buffet: Reservierung empfohlen, Abendessen: Reservierung erforderlich | Tel. 75 50 47 98 | madkaelderen.dk | €€€).* Mittags gibt es hier ein typisches dänisches *frokostbuffet*, das nur aus regionalen und saisonalen Produkten zubereitet wird.

INSIDER-TIPP
Frokost im Keller

KUNSTMUSEUM TRAPHOLT ★

Eines der schönsten Museen Dänemarks liegt östlich vom Zentrum mit Blick auf den Kolding Fjord: Trapholt besitzt die einzige Sammlung im Land, die sowohl Kunst als auch Kunsthandwerk, vor allem aber Design und

Wohnen in der Welle am Hafen von Vejle, Bootsanleger und Ostseeblick inklusive

Möbeldesign umfasst. Herausragend ist die Sammlung von Stühlen aus dem 20. Jh. Ebenfalls einen Blick wert: das originale Kubeflex-Ferienhaus von Architekt Arne Jacobsen, das im Park steht, in dem auch Skulpturen dänischer Künstler zu sehen sind. Regelmäßig gibt es internationale Sonderausstellungen. *Di–So 10–17, Mi 10–21 Uhr | Eintritt 130 Kronen | Æblehaven 23 | trapholt.dk | 2–3 Std.*

ESSEN & TRINKEN

KÅL & CO

Guten Gewissens im Urlaub sündigen mit Einfachheit in der Küche: saisonales Gemüse aus lokalem Anbau, Proteine in Form von Hühnchen, Falafel, Lachs in einer Pitatasche oder zubereitet als Salat. *Mo–Do 11–19, Fr/Sa 11–19.30 Uhr | Slotsgade 13 | Tel. 31 21 15 15 | kaalkolding.dk | €*

RUND UM KOLDING

11 HADERSLEV

30 km/40 Min. mit dem Auto über die Landstraße 170

Die Bauten, für die die Hafenstadt (22 000 Ew.) berühmt ist, findest du südöstlich des Doms: Backsteinhäuser mit wunderschön restaurierten Rokokogiebeln. Der Dom selbst, die *Vor Frue Kirke*, ist die wohl schönste gotische Kirche Dänemarks.

Die größte Töpferarbeitensammlung Nordeuropas zeigt *Ehlers Lertøjssamlingen (Di–So 12–16 Uhr | Eintritt 70 Kronen | Slotsgade 20 | historiehaderslev.dk)*. Das Ticket berechtigt zusätzlich zum Besuch von *Von Obebergs Hus* (eines der ältesten Häuser des Orts) und der *Slesvigske Vognsamling* (Kutschen und Co.). *C9*

12 ÅRØ

70 km/1,5 Std. mit dem Auto über Primærruter 41 und Landstraße 170 und 7 Min. per Fähre ab Årøsund

Etwa 22 km Küste, blühende Felder, malerische Buchten, schreiende Möwen, Häuser aus längst vergangenen Zeiten und Aussichtstürme. Kamera nicht vergessen! Leckere Fischgerichte und eine große Kuchenauswahl bekommst du auf *Brummers Gård (Sa/So, Juni–Aug. tgl. 11–21 Uhr | Aarø 145 | brummersgaard.dk | €)*. Hier kannst du auch verschiedene Strandsafaris und eine „Schnapstour" buchen oder einfach nur ein Fahrrad ausleihen. *Fährzeiten 6–23 Uhr | Tickets ab 40 Kronen, mit Pkw ab 70 Kronen | aaro.dk | D9*

13 VEJLE

27 km/30 Min. mit dem Auto über die Landstraßen 191 und 170

In Vejle (60 000 Ew.) haben sich Architekten so richtig ausgetobt. Bestes Beispiel ist die Hafenfront mit einem wellenförmigen Wohnkomplex. Im *Økolariet (Feb.–Nov. tgl. 10–16 Uhr | Eintritt frei | Dæmningen 11 | de.okolariet.dk)* spazierst du durch die Kanalisation und erfährst dabei viel über Wasser, Klima und Umwelt. *C8*

14 LEGOLAND ★

45 km/40 Min. mit dem Auto über die Landstraßen 161, 176 und die Primærruter 28

1968 begann alles bescheiden mit einem Miniland. Hier sind Bauwerke aus der ganzen Welt aus Legosteinen nachgebaut. Das Miniland gibt es immer noch, nur bescheiden ist nichts mehr. Lego ist längst ein Millionenimperium, und rund um das Miniland stehen Themenhotels, Achterbahnen und Karussells aller Art im Abenteuer- und Piratenland. Auch Star Wars wird lebendig, ein Lego-Aquarium gibt es ebenfalls und Ritter zu Pferde bei der „Battle of the Brick". *Tagesaktuelle Öffnungszeiten auf der Website | Eintritt 499 Kronen, Parkgebühr 60 Kronen | günstigere Preise bei Online-Buchung und Aktionen, wie All-inclusive-Tickets oder Zwei-Tages-Tickets | Nordmarksvej 9 | Billund | legoland.dk | 1 Tag | C8*

SCHÖNER SCHLAFEN IN SÜDJÜTLAND

AB INS GEFÄNGNIS

Hast du schon mal eine Nacht im Kittchen verbracht? In Ribe kannst du in einem ehemaligen Gefängnis übernachten, im *Den Gamle Arrest (11 Zi. | Torvet 11 | Tel. 75 42 37 00 | dengamlearrest.dk | €€)*. Du musst keinen Sträflingsanzug anziehen, kannst aber eine Feile mitnehmen. Über lange Knastflure führt der Weg in deine Zelle. Die hat Gitterstäbe vor den Fenstern, ist eng, aber komfortabel eingerichtet.

MITTEL-JÜTLAND

LAND ZWISCHEN DEN MEEREN

Mitteljütland, das ist blauer Himmel, blühende Felder, wilde Brandung im Westen, ruhiges Meer im Osten und dazwischen eine spektakuläre Seenlandschaft und naturschöne Fjorde. Herz der Region ist Aarhus, die zweitgrößte Stadt des Landes und das kulturelle Zentrum Jütlands: kulinarisch ein Highlight zwischen Sternerestaurants und dem größten Streetfoodmarkt in Nordeuropa. Märkte, kultige Läden, Shoppingcenter und am Abend Musik in den Straßen, überfüllte Szenetreffs und Stu-

Bunter Rundumblick auf Aarhus aus dem Wandelgang des ARoS Art Museums

dentenkneipen. Die Küstenorte und Inseln könnten unterschiedlicher nicht sein. Mal kommen sie eher verschlafen daher, wie das idyllische Ebeltoft oder Endelave, und dann wieder als moderne Touristenorte, wie Hvide Sande oder Ringkøbing. Doch diese Region ist mehr als nur Meer. Museen für Frauen und über Wikinger, Freizeitparks, ein Regenwald mit wilden Tieren, ein Aquapark mit Wellness, dazu Sportmöglichkeiten an Land und zu Wasser und massig saisonale Events.

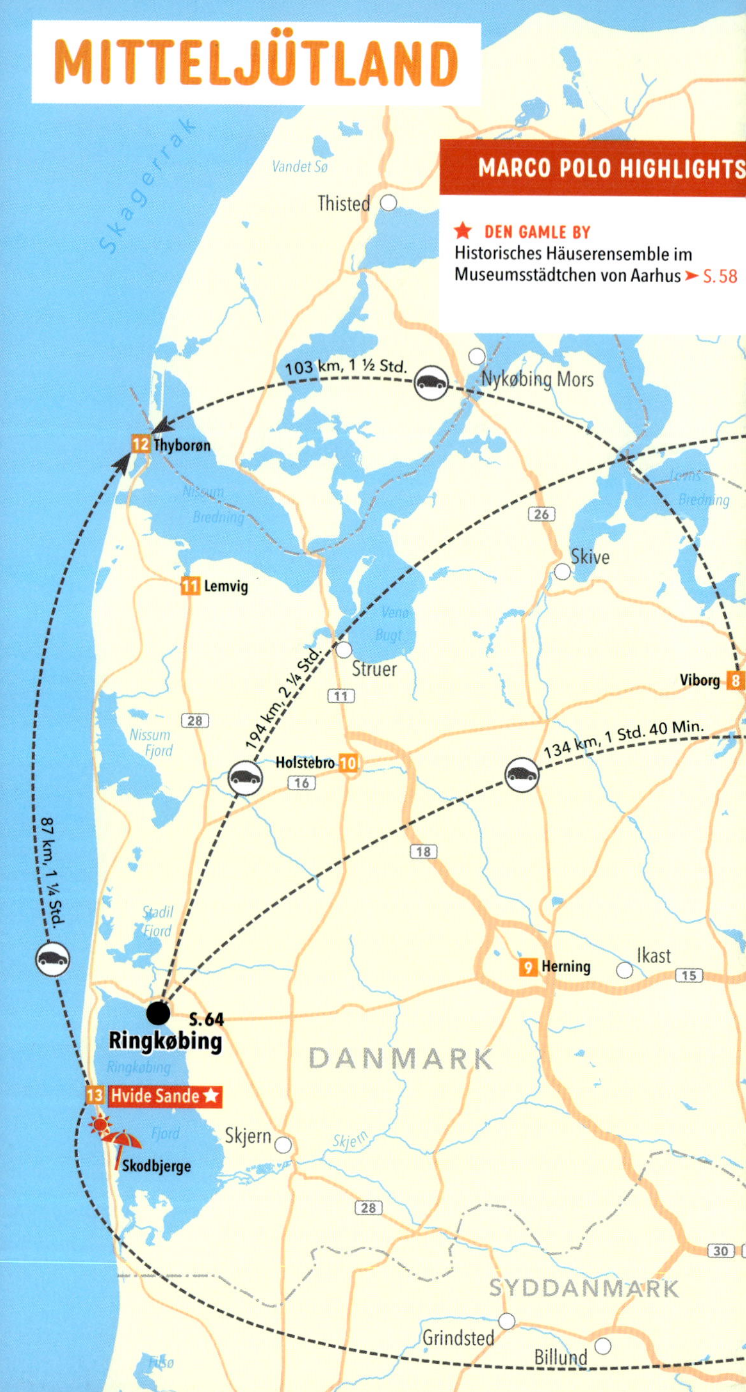
MITTELJÜTLAND
MARCO POLO HIGHLIGHTS
DEN GAMLE BY
Historisches Häuserensemble im Museumsstädtchen von Aarhus ➤ S. 58
Skagerrak
Vandet Sø
Thisted
103 km, 1 ½ Std.
Nykøbing Mors
12 Thyborøn
Nissum Bredning
Lemvig
26
Skive
Venø Bugt
Struer
194 km, 2 ¼ Std.
11
Viborg 8
28
Nissum Fjord
Holstebro 10
16
134 km, 1 Std. 40 Min.
87 km, 1 ¼ Std.
18
Stadil Fjord
9 Herning
Ikast
15
S. 64
Ringkøbing
DANMARK
Ringkøbing Fjord
13 Hvide Sande
Skjern
Skodbjerge
28
30
SYDDANMARK
Grindsted
Billund
Filsø

★ **SAMSØ**
Die Ostseeinsel mit ihren Hügeln, Feldern und vielen Hafenstädtchen ist ein Stück Dänemark en miniature ➤ S. 62

★ **HVIDE SANDE**
Jede Menge Fisch – und wenn das Wetter mitspielt, gibt es jeden Tag eine Fischauktion ➤ S. 67

Den Gamle By in Aarhus: ein Städtchen in der Stadt und eine Zeitreise im Maßstab 1:1

AARHUS

(◫ E6–7) **Mit 356 000 Ew. ist Aarhus die zweitgrößte Stadt Dänemarks. Berühmt ist sie für ihr Kunstmuseum ARoS.**
Auch Oper, Ballett und Symphonieorchester der Stadt genießen international einen guten Ruf, und das Nachtleben von Aarhus ist legendär. Höhepunkt im jährlichen Veranstaltungskalender ist die internationale *Festwoche (aarhusfestuge.dk)* Ende August/Anfang September.

SIGHTSEEING

AROS AARHUS KUNSTMUSEUM

Der avantgardistische Bau setzt Akzente. Auf 5000 m² zeigt das Museum Kunst von 1700 bis heute, Schwerpunkt dabei: die dänische Moderne. Zum Bestand gehören mehr als 1000 Gemälde, 300 Skulpturen und 11 000 Arbeiten auf Papier. Highlight: die Dachterrasse „Your Rainbow Panorama" des dänisch-isländischen Künstlers Olafur Eliasson. Das 2011 eingeweihte Kunstwerk erlaubt einen 150 m langen farbenprächtigen Rundgang mit Ausblicken auf Aarhus. *Di–Fr 10–21, Sa/So 10–17 Uhr | Eintritt 150 Kronen | Aros Allé 2 | aros.dk | Parkplätze am Museum | ◷ 2–3 Std.*

DEN GAMLE BY ★

Postamt und Tante-Emma-Laden von 1920, eine Küche von 1900: Erleben Sie, wie es in Dänemark 1927 oder 1975 aussah. 80 Häuser aus 20 Städten, vollgepackt mit Gegenständen ab dem 17. Jh. *April–Dez. tgl. 10–17, Jan.–März tgl. 10–16 Uhr | Eintritt 150 Kronen, bis 17 Jahre frei | Viborgvej 2 | dengamleby.dk | 3 Std.*

KVINDEMUSEET

Alice Schwarzer wäre begeistert: Im Frauenmuseum geht es um die Rolle der Frau im 20. Jh.: Sexualität, Emanzipation, Mode, Beruf und Familie. Mit Ausstellungen und Konzerten. *Di, Do–Sa 10–17, Mi 10–20, So 10–16 Uhr | Eintritt 95 Kronen | Domkirkeplads 5 | kvindemuseet.dk | 20 % Rabatt auf Parkplätze am Dokk1 | 1 Std.*

SALLING ROOFTOP

Die Location auf der Dachterrasse des Kaufhauses Salling genießt Kultstatus. Hier oben kannst du Cocktails genießen, richtig gut essen, und jeden Freitag sorgt ein DJ für Partystimmung. Doch das eigentliche Event ist die Glasrampe, ein Skywalk 25 m über der Fußgängerzone. *Mo–Fr 10–19, Sa/So 10–18 Uhr | Eintritt frei | Søndergade 27 | salling.dk*

WOHIN ZUERST?

Am Hauptbahnhof beginnen die Einkaufsstraßen Ryesgade und Søndergade. Store Torv ist in 15 Min. erreicht. Zentrale Bushaltestellen sind Hauptbahnhof oder Rathausplatz. Wer die S-Bahn nimmt, sollte am Hauptbahnhof oder an der Station Europa Plads aussteigen. Parkhäuser findest du z. B. am Kaufhaus Magasin oder an der Havnegade.

MARSELISBORG SLOT

Schloss Marselisborg ist die Sommerresidenz der Königin. Schlosspark und Rosengarten sind für jedermann frei zugänglich – wenn die Regentin nicht da ist. Ist sie da, gibt's jeden Tag um 12 Uhr Wachablösung. *Kongevejen 100*

MUSEUM MOESGÅRD

Alles, was in Dänemark ausgegraben wurde, befindet sich hier auf einer Fläche von 16 000 m²: Die mumifizierte Leiche des über 2000 Jahre alten Grauballemanns, Runensteine aus der Wikingerzeit, Grabkisten aus der Bronzezeit und Masken aus der Altsteinzeit. *Mo/Di, Do/Fr 9–17, Mi 9–21, Sa/So 9–18 Uhr | 160 Kronen | Moesgård Allé 15 | Højbjerg | moesgaard museum.dk | 3 Std.*

ESSEN & TRINKEN

AARHUS STREETFOOD

30 Straßenküchen warten im alten Busterminal. Klassisch ist das indische Curry, die pure Verführung ein französischer Crêpe – oder iss mal ganz exotisch eine ugandische Rolex, ein gefülltes Fladenbrot. Die frisch gepressten Säfte von *Juicen* haben Suchtpotenzial, wie der „Clean Green" mit Apfel und Gurke oder der „Breeze" mit Erdbeere und Ingwer. *Tgl. 11.30–21 Uhr | Ny Banegaardsgade 46 | aarhus streetfood.com | €*

INSIDER-TIPP
Smoothies mit Suchtfaktor

RESTAURANT FREDERIKSHØJ

Mit zwei Michelin-Sternen ausgezeichnetes Restaurant, in Dänemark

unter den Top Ten. Austern und Hummer werden zur Geschmacksexplosion, exzellente Gourmet-Smørrebrød-Variationen – und das Auge isst mit: Desserts, serviert auf Tellern aus Eis. Reservierung nötig. *Mi–Sa 18–24 Uhr | Oddervej 19–21 | Tel. 86 14 22 80 | frederikshoj.com | €€€*

SHOPPEN

BRUUNS GALLERI

Mit über 100 Geschäften und 14 Restaurants eines der größten Shoppingcenter in Dänemark. Ein Kino, regelmäßige Modenschauen und jede Menge Events sorgen für beste Unterhaltung. Auf dem Dach befindet sich eine Minigolfbahn! *Mo–Fr 10–20, Sa/So 10–18 Uhr | Bruuns Gade 25 | bruuns-galleri.steenstrom.dk*

INGERSLEVS BOULEVARD

Eine Mischung aus Floh- und Wochenmarkt. 60 Buden, vollgepackt mit frischem Obst und Gemüse, regionalen Produkten und Nippes aller Art. *Mi u. Sa 8–14 Uhr | Ingerslevs Boulevard 1*

NR4

Handwerk in Formvollendung: filigrane Vasen, handgestrickte Schals, Ohrringe aus Holz und Porzellan, Hocker aus Filz. Wer hier nichts findet, ist selber schuld! *Mo–Do 11–17.30, Fr 11–18, Sa 10–14 Uhr | Jægergårdsgade 51 | nr4.dk*

SPORT & SPASS

TIVOLI FRIHEDEN

Vier Achterbahnen und mehr als 40 Attraktionen für den kleinen und großen Nervenkitzel. Hier kommt garantiert keine Langeweile auf. Dazu gibt es Sparaktionen wie „2 Tage zum Preis von einem" oder das All-inklusive-Ticket mit einem All-you-can-eat-Buffet, Eis, Zuckerwatte, Getränke und Gutscheine für Budenspiele. *Tagesaktuelle Öffnungszeiten s. Website | Eintritt ab 175 Kronen, Kinder unter 90 cm frei | Skovbrynet 5 | friheden.dk*

AUSGEHEN & FEIERN

Das Viertel um *Rosensgade, Volden, Pusterring* und *Badstuegade* ist das Zentrum aller abendlichen Vergnügungen in Aarhus. Man sitzt vor Brunnen oder lauscht der Livemusik, die an beinahe jeder Ecke gespielt wird.

MUSIKHUSET AARHUS

Der Musiktempel von Aarhus: Hier werden alle Arten von Musik gespielt, von Folk bis zu klassischen Werken. Ein Café und einige kleine Bühnen mit freiem Eintritt gehören auch dazu. *Thomas Jensens Allé 2 | Tel. 89 40 90 00 | musikhuset.dk*

RUND UM AARHUS

1 EBELTOFT

52 km/50 Min. mit dem Auto über Landstraße 505 und Primærruter 15 und 21

Die 700 Jahre alte Hafenstadt (7100 Ew.) ist so bewahrt worden, dass jedem Romantiker das Herz aufgeht. Berühmt (und gefürchtet) ist die Hauptstraße, der man ihr erschütterndes Pflaster gelassen hat. In Ebeltoft steht das kleinste Rathaus Dänemarks. Im Hafen liegt die 1862 erbaute, 71 m lange *Fregatte „Jylland" (monatl. wechselnde Öffnungstage u. -zeiten | 135 Kronen | S. A. Jensens Vej 4 | fregatten-jylland.dk)*. Du kannst zu ausgewählten Terminen im Hochsommer auch den 22 m hohen Mast erklimmen und eine Traumaussicht genießen. *F6*

2 SKANDINAVISK DYREPARK

48 km/40 Min. mit dem Auto über Landstraße 505 und Primærruter 15

Schwerpunkt des wohl größten privaten Tierparks in Nordeuropa ist die Fauna Skandinaviens: Auf einer Fläche von 45 ha leben rund 300 Tiere aus 20 Arten in recht naturnaher Umgebung, darunter Eisbären, Moschusochsen, Rentiere und Elche. Eigene Bereiche sind der 1,5 ha große Wolfspark und der Bärenpark mit 2,5 ha Größe. *April–Juni tgl. 10–17, Juli/Aug. 10–18, Sept./Okt. Di–Fr 10–16 Uhr | Eintritt 200 Kronen, Kinder 3–11 Jahre 110 Kronen | Nødagervej 67b | Kolind-Nødager | skandinaviskdyrepark.dk | 3–5 Std. | F6*

3 GRENAA

63 km/1 Std. mit dem Auto über die Primærruter 15

Der *Greena Sydstrand* soll der zweitschönste Strand des Landes sein. Schneeweißer, pudriger Sand weist den Weg ins flach abfallende Wasser. Die Attraktion der Stadt ist das *Kattegatcentret (tagesaktuelle Öffnungs-*

zeiten s. Website | Eintritt 175 Kronen, Kinder 3–11 Jahre 95 Kronen | Færgevej 4 | kattegatcentret.dk | ⏲ 2 Std.). Hier schwimmen Haie in einem Becken, die du in einem Tunnel von unten bestaunen kannst. Eine weitere Attraktion ist die zweistöckige Pinguin-Anlage, Heimat pfeilschneller Eselspinguine. *F6*

4 RANDERS

39 km/40 Min. mit dem Auto über die Autobahn E45

Die Stadt Randers lockt gleich mit zwei Attraktionen, die du dir nicht entgehen lassen solltest. Im tropischen Regenwald *Randers Regnskov (Mo–Fr 10–16, Sa/So 10–17 Uhr | Eintritt 195 Kronen, Kinder 3–11 Jahre 135 Kronen | Tørvebryggen 11 | regnskoven.dk)* leben Krokodile und giftige Schlangen, fliegen tropische Vögel und spielen freche Affen.

Das *Water und Wellness Randers (Mo–Do 11–20, Fr 11–19, Sa/So 8–18 Uhr | 4-Std.-Ticket 79 Kronen, Kinder 59 Kronen | Viborgvej 80 | waterandwellness.dk)* bietet Wasserspaß und Wellness auf 6700 m² mit Rutschen, Kinder- und Babybecken mit Spielgeräten, Dänemarks größter Sauna, Dampfbad und Wassertemperaturen bis zu 34 Grad. *D–E 5–6*

5 SAMSØ ★

32,5 km/40 Min. mit dem Auto über die Landstraßen 451 und 445, dann 1 Std. per Fähre ab Hou Havn

Samsø (3700 Ew.): 28 km lang und knapp 8 km breit, 120 km Küste mit Sandstränden, grünen Hügeln, blühenden Heideflächen, Mooren und Salzwiesen. Eine Reetdach- und Fachwerkhaus-Idylle und Heimat der dänischen Frühkartoffel, um die sich auf der Insel alles dreht. Sie wird schon morgens in gekochter Form aufs Brot gelegt, und nirgendwo im Königreich können Köche so leckere Kartoffelgerichte zaubern. Das ist der Geschmack von Samsø: Veganes Streetfood von Bowls bis Waffeln, im Imbisswagen zubereitet mit lokalen und saisonalen Zutaten von der Insel: *Buddha-B (Mo–Sa 11.30–16 Uhr | Langgade 43 | Tranebjerg | Tel. 22 37 21 32 | buddha-b.dk | €).*

Am besten lässt sich Samsø per Rad erkunden. *Samsø Cykeludlejning (April–Sept. | ab 70 Kronen/Tag | samsocykeludlejning.dk)* liefert Leihfahrräder (auch für Kinder) gegen Reservierung spätestens 24 Stunden vorher an die Fährhäfen *Ballen* und *Sælvig* und an den Yachthafen Ballen. Auswege findest du hoffentlich im riesigen *Labyrinth* auf einer Fläche von 12 Fußballfeldern mit über 10 000 Bäumen *(April Sa/So 10–15, Mai/Juni Di–Sa 10–17, Juli/Aug. tgl. 10–17 Uhr | Eintritt 70 Kronen, Kinder 3–12 Jahre 60 Kronen | Issehoved 1 | Nordby | samsolabyrinten.com).*

Fähre: bis zu sieben Abfahrten tgl. | Fahrpreis ab 8 Euro, mit Pkw ab 32 Euro | Fährterminal Hou Havn | Strandgade | Tel. 70 22 59 00 | tilsamsoe.dk | E–F 7–8

6 ENDELAVE

67 km/1 Std. mit dem Auto über die Autobahn E45, Primærruter 52 und Landstraße 459, dann 1 Std. per Fähre ab Snaptun

Unter Haien: Im Kattegatcentret in Grenaa schwimmen Bewohner aller Weltmeere

Fernglas nicht vergessen! Bei der Überfahrt von *Snaptun* auf die Insel Endelave werden dir garantiert Schweinswale und Kegelrobben begegnen. Die 13 km² große Kattegat-Insel ist ein Naturparadies abseits des Massentourismus mit Waldseen, Wiesen- und Heideflächen und 20 km naturbelassener Küste, im Südwesten ein 5 m hohes Kliff. Der schönste Strand der Insel ist *Øvre nord*, dessen Spitze aus Sand und Kies weit ins Wasser hineinragt. Ein kaltes Bier, ein Glas Wein und dänischen Kräuterschnaps gibt es im *Møllehuset (Mi–Mo 11–22 Uhr | Vesterby 50)*.

Fähre: mindestens zwei Abfahrten tgl. | Fahrpreis ab 25 Kronen, mit Pkw ab 85 Kronen, bis 50 Prozent Rabatt in den Sommermonaten | Fährterminal Snaptun Havn | Havnevej | Tel. 76 29 27 65 | mf-endelave.dk | *E8*

7 SILKEBORG

44 km/40 Min. mit dem Auto über die Primærruter 01 und 15

Seen, so weit das Auge reicht, gibt es in Silkeborg (46 000 Ew.). Die kannst du mit dem Kanu erkunden: *Silkeborg Kanocenter (April/Sept. n. V., Mai–Mitte Juni 9–17, Mitte Juni–Aug. 9–20 Uhr | ab 150 Kronen | Østergade 36 | Tel. 86 80 30 03 | silkeborgkanocenter.dk)*. Oder nostalgisch: Vorbei geht es an grünen Wäldern, Schwäne drehen ihre Runden, und es qualmt ganz schön auf dem kohlebefeuerten *Raddampfer „Hjejlen" (Abfahrten Mai–Sept. tgl. | ab 150 Kronen | Tel. 86 82 07 66 | hjejlen.com)*, dem weltweit ältesten noch in Betrieb befindlichen seiner Art.

In Nordeuropas größtem Süßwasseraquarium *Aqua Akvarium & Dyrepark (tagesaktuelle Öffnungszeiten s.*

Viborgs Dom, die Frue Kirke (Frauenkirche), wurde im 19. Jh. komplett neu errichtet

Website | Eintritt 175 Kronen, Kinder 3–11 Jahre 105 Kronen | Vejlsøvej 55 | visitaqua.dk | ⏲ 2–3 Std.) sind Fische, Otter, Biber und Enten hinter Panoramafenstern und in einem Park zu sehen. Im Juni ist Silkeborg beim *Riverboat Jazz Festival (riverboat.dk)* Bühne für 60 Jazzbands. *📖 D6*

8 VIBORG

65 km/1 Std. mit dem Auto über die Primærruter 26

Umgeben von Hügeln, Seen und Heide erhebt sich über die Dächer von Viborg (40 000 Ew.) der *Dom (Mai–Sept. Mo–Fr 11–17, Sa/So 13–17, Okt.–April Mo–Fr 11–15, Sa/So 13–15 Uhr | Eintritt 10 Kronen | Sct. Mogens Gade 4 | viborgdomkirke.dk)*, das Längsschiff beherrscht von 2 m hohen Engeln aus Bronze. Ganz in der Nähe liegen kleine Einkaufsstraßen mit urigen und modernen Läden und hübschen Cafés. Die alten Kalkgruben von *Daugbjerg* und Mønsted westlich der Stadt sind heute wahre Abenteuerspielplätze: In den *Mønsted Kalkgruber (April–Mitte Juni/Mitte Aug.–Mitte Okt. tgl. 10–16, Mitte Juni–Mitte Aug. tgl. 10–17 Uhr | Eintritt 120 Kronen | Kalkværksvej 8 | monsted-kalkgruber.dk)* beleuchtet ein Kino mit Multimediashow die Geschichte der Stollen. *📖 C6*

RINGKØBING

(📖 A7) **Die alte Stadt Ringkøbing (9700 Ew.) am gleichnamigen**

Fjord war einmal eine Hafenstadt – dann wanderte die Öffnung der Meerenge nach Süden, und Ringkøbings Hafen wurde zum Binnenhafen.
Hier und am Marktplatz prägen Backstein- und Fachwerkhäuser eine der ältesten Handelsstädte im Königreich. Golf, Reiten, Angeln und der 125 km lange Radweg rund um den Ringkøbing Fjord machen Ringkøbing zum idealen Ziel für Aktivurlauber. Im Sommer spazieren allabendlich Nachtwächter singend durch die Altstadt.

ESSEN & TRINKEN

RESTAURANT NORDIC

Inspiration durch die Natur, modern und kreativ: Nicklas Nielsen macht Essen zum sozialen Erlebnis und setzt zudem auf lokale und sorgfältig ausgewählte Zutaten. *Di–Fr 12–22, Sa 12–23 Uhr | Vester Strandgade 1 | Tel. 97 32 27 27 | restaurantnordic.dk | €€*

SHOPPEN

Ringkøbing ist die Stadt der offenen Werkstätten und Galerien. Du kannst z. B. zusehen, wie *Hanne Marie Leth Andersen (wechselnde Öffnungszeiten | Vester Strandsbjerg 10)* ihre Keramiken fertigt. Im Sommer findet jeden Freitag ein Flohmarkt statt und es gibt „Open by night"-Abende mit Livemusik, Kulinarischem und Attraktionen für Jung und Alt. Erstklassige Bioprodukte findest du im *Økoladen (Di–Do 14–17.30, Fr 10–17.30, Sa 10–14 Uhr | Nørbæk 15 | okoladen.dk).*

INSIDER-TIPP
Frisch vom Feld

Das Gemüse kommt immer frisch vom Feld, und Möhren, Kartoffeln & Co. gibt es sogar im Winter. Strohabdeckung schützt die Pflanzen vor Frost.

RUND UM RINGKØBING

9 HERNING

47 km/40 Min. mit dem Auto über die Primærruter 15

Eine quirlige Fußgängerzone und Restaurants der Spitzenklasse, „Elia" *(Birk Centerpark | elia.dk)*, eine raumschiffähnliche Skulptur mit 32 m hohen Säulen als Wahrzeichen, ein Badesee *(Vesterholmvej)* mit Sandstränden mitten in der Stadt: So präsentiert sich Herning (47 000 Ew.), Dänemarks von blühenden Heideflächen umgebene Textilhauptstadt. Werke von Joseph Beuys und die größte Piero-Manzoni-Sammlung der Welt gibt es im *HEART (Di–So 10–16 Uhr | Eintritt 75 Kronen | Birk Centerpark 8 | heartmus.dk | 2 Std.)*, dem *Herning Museum of Contemporary Art*, zu sehen. *visitherning.com* | *B6–7*

10 HOLSTEBRO

44 km/40 Min. mit dem Auto über die Primærruter 16

Die Stadt (58 500 Ew.) ist keine Perle der Architektur, aber ohne Zweifel hat man hier etwas für die Kunst übrig. Das *Kunstmuseum (Sept.–Juni Di–Fr 12–16, Sa/So 11–17, Juli/Aug. Di–So 11–17 Uhr | Eintritt 110 Kronen | Muse-*

Schneckenhausdeko und Muschelschalenmuster am Sneglehuset in Thyborøn

umsvej 2A | holstebrokunstmuseum.dk | 2 Std.) zeigt Kunst aus aller Welt mit Schwerpunkt Afrika und Mittelamerika. Westlich erstrecken sich wunderschöne Heide- und Dünenflächen wie die *Husby Klitplantage,* die du auf geführten Wegen erwandern kannst. *visitnordvestkysten.dk* | *B6*

11 LEMVIG

53 km/50 Min. mit dem Auto über die Primærruter 16 und 28

Am schönsten ist es, wenn die Sonne am frühen Abend die Hafenbucht der Stadt am Limfjord (6900 Ew.) bescheint. Treffpunkt am Hafen ist *Bjarnes Fisketeria (Mo–Do 9–17.30, Fr 9–18, Sa 9–14 Uhr | Havnen 54 | €€)*: Hier gibt es Algenprodukte wie Tang-Senf, Tang-Aquavit, Tang-Pesto oder Tang-Öl – und natürlich leckeren Fisch. Ortsauswärts Richtung Norden (Gjeller Odde/Golfklub) steht an der wunderschönen Promenade das *Museum für religiöse Kunst (Feb.–Nov. tgl. 12–16 Uhr | Eintritt 75 Kronen | Strandvejen 13 | mfrk.dk | 1 Std.),* ein architektonisch interessanter Bau, in dem religiös inspirierte Kunst aus Dänemark und Grönland gezeigt wird. *A5*

INSIDER-TIPP
Algen im Glas, Tang in der Flasche

12 THYBORØN

86 km/1,5 Std. mit dem Auto über die Landstraße 181

Schon die Anfahrt nach Thyborøn (2000 Ew.) an der Einfahrt zum Limfjord zwingt die Hektik aus den Knochen: kilometerlang nichts als eine schmale Landzunge und Wasser, links wie rechts. Hier erstreckt sich die *Steilküste von Bovbjerg:* Die Nordsee hat entlang der Steilküste ihre Spuren mit rauer Gewalt hinterlassen und am Kliff sogar verschiedene Erdschichten aus der Eiszeit freigelegt. Mee(h)r Natur geht nicht: Haien den Rücken streicheln, Krabben in die Hand nehmen oder mit Rochen schmusen kannst du im *Jyllands Akvariet (Nov.–Mai tgl. 10–16, Juni/Sept./Okt. tgl. 10–17, Juli/Aug. tgl. 10–18 Uhr | Fütterungen Mo/Mi/Sa | Eintritt 119 Kronen, Kinder 3–12 Jahre 99 Kronen inklusive Schatzsuche | jyllandsakvariet.dk).*

Das Ergebnis von 25 Jahren Handarbeit: Tausende Muscheln und Schnecken schmücken innen und außen das *Sneglehuset (Mai–Mitte Juni und Sept./Okt. tgl. 11–16, Mitte Juni–Aug. tgl. 10–17 Uhr | Eintritt 20 Kronen, Kinder 3–12 Jahre 5 Kronen | Klitvej 9 | sneglehuset.dk).* *A5*

13 HVIDE SANDE ★

25 km/30 Min. mit dem Auto über Primærruter 15 und Landstraße 181

Rund 170 Fischerboote könnten darauf hindeuten, dass Hvide Sande (3000 Ew.) nicht viel mehr ist als eine große Fischfabrik – aber nichts da. Hier wird aus Fisch Kultur gemacht. Frischen Fisch kauft man direkt vom Kutter im Hafen oder bei den Fischhändlern, wie zum Beispiel *Nordsø Fisk (Mo–Fr 9–17.30, Sa 9–16 Uhr | Metheasvej 11):* Hier kommt der Fisch direkt vom Kutter in den Räucherofen oder filetiert in die Auslage. Frittierter Kabeljau und Fischburger kommen im *Café Gaflen (tgl. 11–17 Uhr | Otto Pedersvej 9 | €)* auf den Tisch.

Im *Akvarium & Fiskerimuseum Fiskeriets Hus (tgl. 10–17 Uhr | Eintritt 98 Kronen | Nørregade 2b | fiskerietshus.dk | 1½ Std.)* nördlich der Brücke dreht sich alles – natürlich – um die Fischerei. In Aquarien schwimmen Salz- und Süßwasserfische.

Einmal aufentern und leeseitig über die Reling spucken: Mit dem *Kutter Solea (ab 75 Kronen | solea.dk)* geht es auf große Fahrt zum Leuchtturm von Lyngvig. Bist du seefest? Dann nimm doch mal an einer zehnstündigen Angeltour teil!

Südlich von Hvide Sande liegt *Skodbjerge,* der schönste Strand der Landzunge. *A7*

SCHÖNER SCHLAFEN IN MITTELJÜTLAND

AB INS KLOSTER

Sich ins Kloster *Sostrup Slot (25 Zellen | Grenaa | Gjerrild | Maria Hjerte Engen 1 | Tel. 88 44 12 00 | sostrup.org | €€)* zurückziehen, entschleunigen und auf Matratzen aus Pferdehaar und in Bettwäsche aus Bioleinen schlafen. Die Nachttische sind Holzstumpen aus den Wäldern von Djursland. Nachts hörst du eine Stecknadel fallen, und tagsüber spazierst du durch den Klostergarten oder meditierst in der Kirche.

AB IN DIE PROVENCE

Die Provence in Aarhus! Nur der Lavendelduft fehlt. Frei stehende Badewannen, Himmelbetten, kuscheliger Innenhof: *Villa Provence (39 Zi. | Fredens Torv 12 | Tel. 86 18 24 00 | villaprovence.dk | €€€)*

NORDJÜTLAND

MAGISCHES LICHT UND SURFERWELLEN

Die ersten Touristen, die sich Ende des 19. Jhs. in Dänemarks Norden verirrten, waren die „Skagen-Maler", wie Michael Ancher und Peder Severin Krøyer.

Besonders das Fischerdorf Skagen mit seinem nordischen Licht, die endlosen Strände und die hohen Dünen hatten es den Künstlern angetan. Verändert hat sich seither wenig. Du triffst zwar kaum noch Maler, aber dafür Touristen, die sich dieser einzigartigen Stimmung hingeben und die spektakulären Sonnenuntergänge bewundern.

Wurde 2019 um 70 m landeinwärts versetzt: der Leuchtturm Rubjerg Knude Fyr

Einige Kilometer südlich in Klitmøller liegt ein Treffpunkt der internationalen Surferszene. Hier weht immer ein frischer Wind, und weil die Wellen manchmal denen im Pazifik ähneln, wird Klitmøller auch „Cold Hawaii" genannt. Hinter den Stränden erstreckt sich der Nationalpark Thy, der die ganze dänische Tierwelt vereint. Was dir jetzt noch zum perfekten Urlaub fehlt, sind Shopping-, Wellness- und Gastrospots. Auch die findest du, zum Beispiel im Hygge Torvet in Thisted, im Sydthy Kurbad oder in der Räucherei in Hanstholm.

NORDJÜTLAND

MARCO POLO HIGHLIGHTS

★ **JOMFRU ANE GADE**
Nordeuropas berühmteste Kneipenstraße in Aalborg ➤ S. 74

★ **SKAGEN**
Wo Nordsee und Ostsee aufeinandertreffen und Maler das magische Licht einfingen ➤ S. 77

★ **NORDSØEN OCEANARIUM**
Hirtshals besitzt eins der eindrucksvollsten Aquarien Europas ➤ S. 78

★ **NATIONALPARK THY**
Dänemarks erster Nationalpark – und für viele der schönste ➤ S. 80

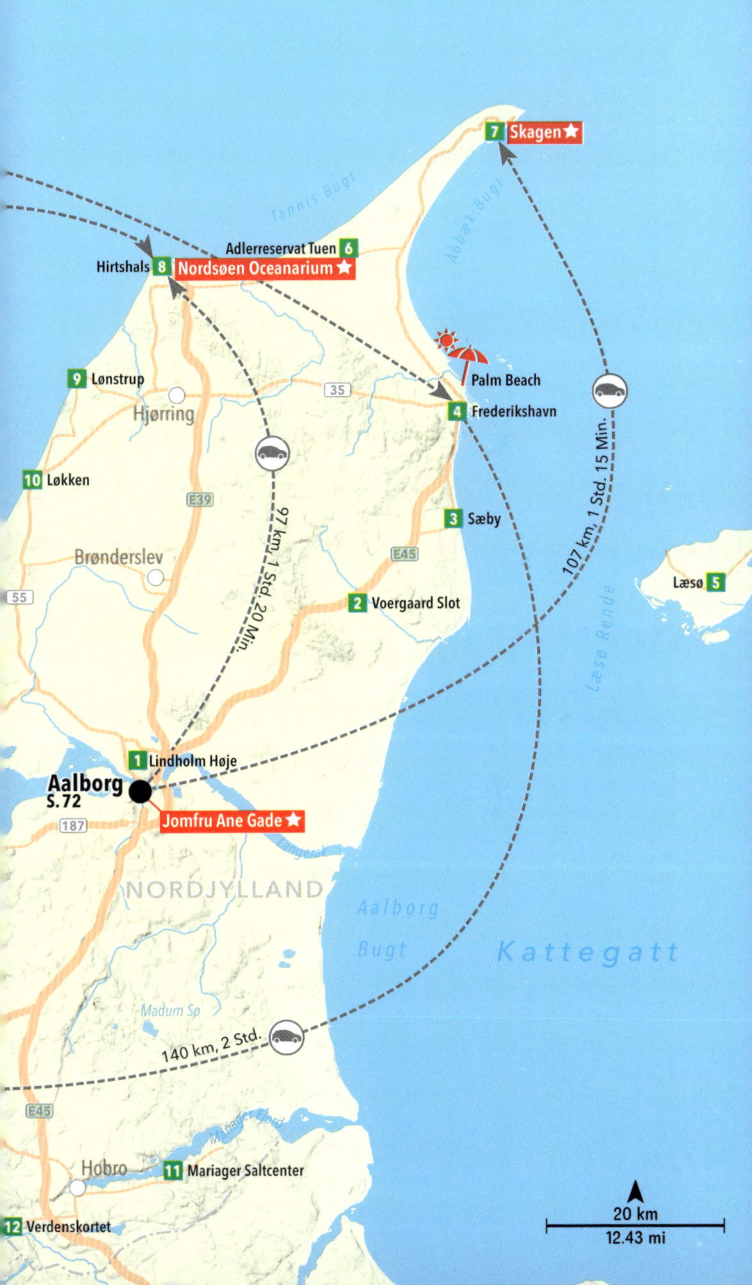

7 Skagen
Tannis Bugt
Ålbæk Bugt
Adlerreservat Tuen 6
Hirtshals 8 Nordsøen Oceanarium
Palm Beach
9 Lønstrup
Hjørring
35
4 Frederikshavn
10 Løkken
E39
97 km, 1 Std. 20 Min.
107 km, 1 Std. 15 Min.
3 Sæby
E45
Brønderslev
Læsø 5
55
2 Voergaard Slot
Læsø Rende
1 Lindholm Høje
Aalborg
S. 72
187
Jomfru Ane Gade
Langerak
NORDJYLLAND
Aalborg Bugt
Kattegatt
Madum Sø
140 km, 2 Std.
E45
Mariager Fjord
Hobro
11 Mariager Saltcenter
12 Verdenskortet
20 km
12.43 mi

Dreimastbark vor dem Utzon Center, museales Vermächtnis des berühmten Baumeisters

AALBORG

(▯ D4) **Ein Schnaps hat Aalborg (119 000 Ew.) in der ganzen Welt berühmt gemacht: der Akvavit.** Mild und bekömmlich wie das Destillat aus u. a. Kümmel und Dillsamen gibt sich auch die Stadt: Eine so übersichtliche und gemütliche Vergnügungsmeile wie die Jomfru Ane Gade hat keine andere Stadt Dänemarks. Die drittgrößte Metropole des Königreichs hat in den vergangenen Jahren einen beeindruckenden Wandel von einer Industriestadt zur Kulturhochburg erlebt. Adressen wie das spannende Utzon Center, das Kulturcenter oder das Museum für moderne Kunst, *Kunsten,* besitzen heute internationale Anziehungskraft.

SIGHTSEEING

NORDKRAFT

In Aalborgs Kulturcenter wurde vor wenigen Jahren noch Strom und Wärme aus Kohle erzeugt; heute residieren hier Theater, Musikklubs, ein Kino und eine Kunsthalle. Im Juli trifft man sich an der „Costa del Nordkraft", einem Sandstrand mitten im Kulturcenter mit Liegestühlen, Palmen, Bar und jeder Menge Events. *Tgl. 7–23 Uhr | Kjellerups Torv | nordkraft.dk*

INSIDER-TIPP
Strand am Kraftwerk

UTZON CENTER

Das letzte Werk des weltberühmten dänischen Architekten Jørn Utzon (1918–2008), der in Aalborg aufwuchs. Das aufregend schöne Center zeigt u.a. Wechselausstellungen zu Utzons Werk, Architektur und Bauen der Zukunft. Herrliches *Restaurant Jørn (€€)* mit Fjordblick. *Di/Mi/Fr 11–17 (Do bis 21), Sa/So 11–17 Uhr | Eintritt 80 Kronen | Slotspladsen 4 | utzoncenter.dk | 2 Std.*

SPRINGEREN – MARITIMES ERLEBNISMUSEUM

Die Geschichte des Hafens wird dokumentiert, auch eine Reihe von Marinebooten ist zu sehen. *Jan.–April, Sept.–Dez. tgl. 10–16, Mai/Juni, Aug. 10–17, Juli 10–20 Uhr | Eintritt 110 Kronen | Vestre Fjordvej 81 | springeren-maritimt.dk | 1 Std.*

ZOO

Der erste umweltzertifizierte Zoo der Welt gehört zu den großen Tierparks des Nordens. 140 Tierarten, wie Eisbären, Pinguine, Orang-Utans oder Afrikanische Elefanten, kannst du hautnah erleben, füttern und auf Wunsch auch einen Blick hinter die Kulissen werfen. ***Tagesaktuelle Öffnungszeiten siehe Website** | Eintritt 190, April–Sept. 210 Kronen, Kinder 3–11 Jahre 105, April–Sept. 125 Kronen | Mølleparkvej 63 (kostenlose Parkplätze) | aalborgzoo.dk | 3–5 Std.*

WOHIN ZUERST?

Auf zum **Gammeltorv,** denn ob Einkaufsbummel in der Algade oder Besuch im Utzon Center – vom Alten Markt aus ist alles gut zu Fuß erreichbar. Die Stadtbuslinie 1 fährt vom Nytorv aus, die Touristeninfo liegt östlich davon im **Kjellerups Torv.** Parkmöglichkeiten gibt es vielerorts in der Innenstadt, u.a. in der Nytorv 27 Garage und an der Aalborg Havnefront.

ESSEN & TRINKEN

FUSION

Gourmetrestaurant direkt am Hafen von Aalborg – natürlich mit Blick aufs Wasser. Der gastronomische Schwerpunkt liegt auf frisch zubereiteten Sushi-Köstlichkeiten. *Di–Sa 17–24 Uhr | Strandvejen 4 | Tel. 35 12 33 31 | restaurantfusion.dk | €€*

MORTENS KRO

Gourmetküche in Designumgebung in der City. Koch Morten Nielsen ist (fast) eine nationale Institution. Schon 1996 war er Koch des Jahres, und 2021 wurde er erneut zum Küchenchef des Jahres ernannt. Entsprechend ist auch das Niveau der Speisekarte, ob Lammkeule oder Nordseefisch. *Di–Sa 11–2 Uhr | Mølleå 4 | Tel. 98 12 48 60 | mortenskro.dk | €€€*

PRINSES JULIANA

Im Schatten der Limfjordbrücke liegt das einstige niederländische Schulschiff Prinses Juliana heute fest vertäut. An Bord gibt es im Restaurant Feinstes aus der dänischen wie auch aus der asiatischen Küche und am Wochenende außerdem Brunch. *Mo–Fr ab 17.30, Sa ab 10 Uhr | Vestre Havnepromenade 2 | Tel. 98 11 55 66 | prinsesjuliana.dk | €€*

SHOPPEN

AAALBORG STORECENTER

Modeboutiquen, Schuhgeschäfte, Juweliere, Spielwarenläden, Sportshops, Cafés und Snackbars und dazu Kinderanimateure, Livebands und saisonale Attraktionen: All das bietet Aalborgs großes Einkaufszentrum. *Mo–Fr 10–19, Sa/So 10–16 Uhr | Hobrovej 452 | astc.dk*

GRØNTORVET

Auf diesem Markt werden Bioprodukte aus der Region vertrieben. Neben frischem Obst und Gemüse gibt es auch fangfrischen Fisch, handgemachten Käse, Eier von frei laufenden Hühnern und selbst gebackenes Brot. *Mi u. Sa 8–14 Uhr | Platz zwischen Danmarksgade und Ågade | torvedag.dk*

SPORT & SPASS

AALBORG BEERWALK

Biere aus Klein- und Hausbrauereien erfreuen sich auch in Dänemark zunehmender Beliebtheit. Beim *Aalborg Beerwalk* lernst du sechs der populärsten Pubs und Brauhäuser der Stadt kennen und vekostest sechs verschiedene Biersorten. *159 Kronen inkl. Glas und Pub-Führer | Verkauf in den Hotels und Pubs | enjoynordjylland.de*

AUSGEHEN & FEIERN

Die Straße der Straßen ist die ★ *Jomfru Ane Gade*. Hier liegen Nachtclubs neben Pizzerien, Straßencafés neben Nobelrestaurants. Im *Café 1000 Fryd (Di/Mi 15–23, Do–Sa 15–2 Uhr | Kattesundet 10 | 1000fryd.dk)* trifft sich die alternative Musikszene, im Kulturhaus *Huset (aktuelle Öffnungszeiten s. Website | Hasserisgade 10 | huset.dk)* stehen Jazz, Folkrock, Blues und Weltmusik auf dem Programm. Klassik von internationalem Rang bringt das *Aalborg Symfoniorkester (Kjellerupsgade 14 | Tel. 98 13 19 55 | aalborgsymfoni.dk)* zu Gehör.

RUND UM AALBORG

1 LINDHOLM HØJE

4,5 km/15 Min. mit dem Auto über Landstraße 180, Primærruter 55 und Lindholmsvej

Keine 10 km nordwestlich von Aalborg befindet sich einer der größten Wikingerfriedhöfe Skandinaviens. 200 der insgesamt 682 Gräber sind sogenannte Schiffsetzungen, Gräber in Schiffsform. In der letzten Juniwoche erwachen die wilden Nordmänner bei den Wikingerspielen zu neuem Leben. *Di–So 10–17 Uhr | Eintritt 90 Kronen | Vendilavej 11 | Nørresundby | nordjyskemuseer.dk |* D3

2 VOERGAARD SLOT

41 km/30 Min. mit dem Auto über die Autobahn E45

Eines der besterhaltenen Renaissancegebäude Jütlands. Der ausgeprägte Reichtum an Sandsteinornamenten und Figuren war Wunsch der Eignerin Ingeborg Skeel (1578–1604). Im Juli einwöchige Mittelaltertage, Anfang Dezember Weihnachtsmarkt. *An die Ausstellungen und Rundgänge angepasste Öffnungszeiten siehe Webseite | Eintritt 115 Kronen | Flauenskjold | voergaardslot.dk |* E3

3 SÆBY

54 km/40 Min. mit dem Auto über die Autobahn E45

Sæby (9000 Ew.) besitzt einen malerischen Stadtkern mit Gebäuden aus dem Mittelalter, in denen kleine Läden und Cafés ihre Heimat gefunden haben, und ist umgeben von schneeweißen Sandstränden und schattigen Wäldern. Die ersten Touristen kamen, nachdem Künstler wie Henrik Ibsen und Herman Bang den ruhigen Ort um 1900 entdeckten.

Auf *Jensens Bauernhof (Mai–Aug. | Hestvangvej 6 | Karup | jensenjordbaer.dk)* dreht sich alles um die Erdbeere. Pflück so viel du willst von den unterschiedlichen Sorten, kauf Obst, Gemüse und Honig im Hofladen und lass dir die Waffeln mit Erdbeermarmelade schmecken – oder du fütterst und streichelst die Schweine im Stall.

INSIDER-TIPP
Erdbeeren mit Rhabarber und Waffeln!

Einen Stopp einlegen solltest du im *Highway 66 (Mo–Do 16–21, Fr–So 12–21 Uhr | Frederikshavnsvej 69 | Tel. 61 60 69 69 | highway66.dk | €)*. Hier gibt es die besten Spareribs jenseits von New Orleans.

Sæbys Geschichte wird im *Sæbygård Herregårdsmuseet (aktuelle Öffnungszeiten s. Website | Eintritt 75 Kronen | Sæbygårdvej 49 | kystmuseet.dk)* lebendig, einem ehemaligen Renaissance-Adelssitz mit standesgemäßer Zugbrücke. E3

Grenen: An der Landspitze nördlich von Skagen treffen Nord- und Ostsee aufeinander

4 FREDERIKSHAVN

66 km/45 Min. mit dem Auto über die Autobahn E45

Von Frederikshavn (23 000 Ew.) starten die Fähren nach *Læsø*, Oslo und Larvik. Dabei ist die Stadt viel zu schade zum Wegfahren: Feiner, weißer Sand, üppig grüne Palmen, Spaß beim Beachvolleyball, kulinarische Leckerbissen vom Grill und heiße Rhythmen erwarten dich am *Palm Beach (Nordre Strandvej | facebook.com/palmestranden).* *E2*

5 LÆSØ

66 km/45 Min. mit dem Auto über die Autobahn E45 und 90 Min. per Fähre ab Frederikshavn

Læsø, eine Insel wie aus dem Bilderbuch: Lila blühender Strandflieder übersät die Küste, vor der Insel tauchen Seehunde, die schaumigen Wellen werden an die Puderzuckerstrände gespült, und hinter den mit Reet und Tang gedeckten Häusern geht über den Inselseen die rote Sonne unter.

Das berühmte Salz der Insel wird in der *Salzsiederei (April–Juni, Sept./Okt. Mo–Sa 10–16, So 10–14, Juli/Aug. tgl. 10–16, Nov.–März Mo–Sa 10–14 Uhr | Eintritt frei | Hornfiskrønvej 3 | laesoe salt.com)* verarbeitet: Hier kannst du auch selber sieden (ab 100 Kronen), und im Sommer gibt's kostenlose Führungen. Salzkuren in einer besonderen Location bietet das Wellnesscenter *Læsø Kur (April–Juni, Aug.–Okt. tgl. 9.30–17, Feb./März, Nov. 9.30–16, Juli 9.30–20.30 Uhr | ab 475 Kronen | Vesterø Havnegade 28 | saltkur.dk),* das in die umgebaute Kirche von Ves-

terby eingezogen ist. Da, wo man einst das Vaterunser betete, wird jetzt gebadet und massiert, und im Chor stehen Ruheliegen.
Fähre: in der Saison tgl. 4–7 Abfahrten, Winter s. Website | Fahrpreis ab 83 Kronen, mit Pkw ab 404 Kronen | Fährterminal Frederikshavn | Sydhanvsvej | Tel. 98 49 90 22 | laesoe-line.dk | F-G3

6 ADLERRESERVAT TUEN

78,5 km/50 Min. mit dem Auto über Autobahn E39 und Landstraße 597

Stein-, See- und Riesenseeadler, Wanderfalken und Bartgeier in freiem Flug im Landzipfel zwischen den Meeren. Bis zu zweimal am Tag finden Flugvorführungen statt. *Tagesaktuelle Öffnungszeiten auf der Website | Eintritt 145 Kronen, Kinder 4–12 Jahre 80 Kronen, bei Onlinebuchung 125/60 Kronen | Skagensvej 107 | Bindslev | eagleworld.dk | E2*

7 SKAGEN ★

110 km/80 Min. mit dem Auto über die Autobahnen E45, E39 und die Landstraße 597

Skagen – das klingt. Nach Meer, nach rauer, wilder Natur, nach Fisch und – nach Kunst. Künstler wie Michael Ancher und Peder Severin Krøyer aus Kopenhagen haben die Faszination des Fischerorts (8200 Ew.) um die Wende zum 20. Jh. entdeckt. Es war das ganz besondere Licht, das sie begeisterte. Skagen wurde erst Künstlerkolonie, dann Badeort. Doch Vorsicht: Die Strömungen bei *Grenen*, der äußersten Landspitze von Skagen, sind tückisch – Baden ist hier deshalb verboten. Aber am kinderfreundlichen *Sønderstrand (Østre Strandvej)*, auch als Skagens „Maler-Strand" bekannt, darf gebadet werden.
Die Welt der Skagenmaler wird in *Skagens Museum (Juni–Aug. tgl. 9–17, Sept.–Mai Di–So 10–17 Uhr | Eintritt 125 Kronen | Brøndumsvej 4 | skagenskunstmuseer.dk | 2 Std.)* lebendig, das über viele Hauptwerke Krøyers und Anchers verfügt.
Ein Erlebnis ist das *Skagen Odde Naturcenter (Mai–Mitte Okt. Mo–Fr 10–16, Sa/So 11–16 Uhr | Eintritt 70 Kronen, Kinder bis 11 Jahre 30 Kronen | Batterivej 51 | skagen-natur.dk | 2,5 Std.)*. Auf 1500 m² macht das Erlebnismuseum anschaulich, wie Wind, Wasser, Sonne und Sand seit Jahrtausenden die Nordspitze Dänemarks verändern – fast alles kann spielerisch im Experiment erprobt werden.
Das ist dänische Lebensfreude und dänischer Sommer pur: am *Solnedgangskiosken* (Sonnenuntergangskiosk) 500 m westlich vom Ort in Gammel Skagen ein kühles Bier genießen, nette Leute treffen, Smalltalk und zusammen den unvergesslichen Sonnenuntergang erleben.
10 km südlich von Skagen bewegt sich unaufhaltsam die zweitgrößte Wanderdüne Dänemarks Richtung Osten, *Råbjerg Mile:* Bis zu 15 m hoch, erreicht das geschützte Naturwunder in vermutlich 200 Jahren die Ostsee. *enjoynordjylland.de | F1*

8 HIRTSHALS

69 km/45 Min. mit dem Auto über die Autobahn E39

Der Hafen ist die Stadt: weit und breit nur Fähren, Kais und Hafenanlagen.

Vom Fährhafen gehen die großen Fähren u. a. nach Island ab, der Fischereihafen ist einer der größten Dänemarks. Ansonsten böte Hirtshals (5900 Ew.) nicht viel – wäre da nicht das ★ *Nordsøen Oceanarium (Juli/Aug. tgl. 9–18, sonst 10–16/17 Uhr | Fütterungen 13, Seehunde 11 u. 15 Uhr | Eintritt 185 Kronen, Kinder 3–11 Jahre 95 Kronen | Willemosevej 2 | nordsoenoceanarium.dk | 3 Std.).* Eine großartige Anlage, Salzwasseraquarien, Streichelbecken, Ozeanarium mit 4,5 Mio. l Meerwasser. In den Aquarien tummelt sich beinahe vollständig die Fauna der Nordsee – 81 Arten leben hier. Im großen Becken unter freiem Himmel tauchen Seehunde. *D2*

9 LØNSTRUP

60 km/1 Std. mit dem Auto über die Primærruter 55

Der kleine Ort wird von Galerien und Kunsthandwerkern dominiert. Künstler haben die alten Fischerhäuser wieder zum Leben erweckt. Lønstrup steht für unberührte Natur, meterhohe Sanddünen und kleine Waldflächen.

Zwischen Lønstrup und Løkken erstreckt sich auf einer Länge von etwa 5 km eine beeindruckende Küstenlandschaft. Bei *Rubjerg Knude* erreichen die Dünen eine Höhe von 90 m – senkrecht fällt die Küste zum Wasser hin ab. Das Gelände steht inklusive Europas größter Wanderdüne unter Naturschutz. 120 Jahre nach seinem Bau drohte er ins Meer zu stürzen – und so versetzte man 2019 den 1000 t schweren Leuchtturm *Rubjerg Fyr (tgl. 10 Uhr bis Sonnenuntergang | Eintritt frei)* um 70 m ins Landesinnere. Am alten Standort soll als Symbol ein Steinturm entstehen, und es gibt Pläne für ein unterirdisches Besucherzentrum mit Café. *D2*

10 LØKKEN

45 km/45 Min. mit dem Auto über die Primærruter 55

Kein Hafen, aber immer noch Fischer, die ihre Boote wie eh und je auf den Strand ziehen, der zu den schönsten an der Jammerbucht gehört: Der Sand ist weiß, fein und leuchtet wie Diamanten in der Sonne. Im Sommer tupfen ihn die hübschen weißen Badehütten der Einheimischen: Løkken (1500 Ew.) ist das Badeparadies dieser Küste, ein familienfreundlicher Ort mit großzügiger Fußgängerzone, vielen Läden und Restaurants. *D3*

11 MARIAGER SALTCENTER

74 km/45 Min. mit dem Auto über Autobahn E45 und Landstraße 555

Hier dreht sich alles um Salz. Es gibt ein Totes-Meer-Schwimmbad, eine Sole und ein Terrassencafé mit herrlicher Aussicht auf den Mariager Fjord. Eine Ausstellung und ein Kino in der Salzmine informieren über die Geschichte der Salzgewinnung. *Mo–Fr 10–16, Sa/So 10–17 Uhr | Eintritt 98 Kronen | Ny Havnevej 6 | Mariager | saltcenter.com | D5*

12 VERDENSKORTET

62 km/45 Min. mit dem Auto über Autobahn E35 und Landstraße 579

Alles begann mit einem Stein, den Søren Poulsen 1944 am Klejtrup Sø fand. Der Stein hatte die Form von Jütland, und so kam Poulsen die Idee, die ganze Welt nachzubauen. Mit Booten starten Kinder zu einer Kreuzfahrt über den Pazifik oder machen per Pony einen Ausritt nach Europa. Eine weitere Attraktion sind längst vergesse Spiele aus der Wikingerzeit, wie Hufeisenwerfen oder Stelzenlaufen. *April–Sept. tgl. 10–17, im Sommer bis 18 Uhr | Eintritt 90 Kronen, Kinder 65 Kronen | Søren Paulsens Vej 5 | Klejtrup Sø | Hobro | verdenskortet.dk |* *D5*

THISTED

(B4) **Man verliebt sich sofort in die Stadt: Thisted (13 000 Ew.) am Limfjord ist das gemütliche Einkaufszentrum der Ferienregion Thy.** Kleine Yachten liegen im Hafen, und rundherum laden moderne Cafés und traditionelle Restaurants ein, das maritime Flair im Sitzen zu genießen. Nur ein paar Schritte entfernt liegt die Innenstadt mit ihren verwinkelten Gassen, kleinen Läden und attraktiven Parks. Freitag und Samstag sind Markttage, und mehrmals im Jahr gibt es „Shopping by Night" mit Livemusik. Fürs Sightseeing tuckert der *By-Zug* durch die Stadt.

SIGHTSEEING

THISTED BRYGHUS

Seit über 100 Jahren wird hier Gerstensaft vom Feinsten mit Malz von der Insel Thy gebraut. Lass dir erklären,

In Løkken werden die Fischerboote per Seilwinde auf den Strand gezogen

wie Bier gelagert und in Flaschen gefüllt wird, und mach eine Tour durch das Brauhaus. Prost! Nach der Führung werden sechs Spezialbiere verkostet und dazu kleine Snacks serviert. *Di u. Mi 11 u. 13 Uhr | 150 Kronen | Bryggerivej 10 | thisted-bryghus.dk*

ESSEN & TRINKEN

FISKEHUSET

So schmeckt Fisch: gefangen, filetiert, kurz in Biobutter gebraten und ab auf den Teller – und dazu eine Traumaussicht. *Mo–Fr 9.30–17, Sa 9.30–14 Uhr, im Sommer Buffet Fr/Sa 18–21 Uhr | Havnen 31 | Tel. 97 92 09 86 | fiskehuset.dk | €€*

SHOPPEN

HYGGE PÅ TORVET

Die Innenstadt ist ein kleines Mekka von kleinen Läden. Urgemütlich sind die Cafés mit Außengastronomie. Montag und Samstag wird das Einkaufen in Thisted zu einem ganz besonderen Erlebnis: Rund um den Marktplatz gibt es Livemusik, Kinderspiele, Kulinarisches, und die Geschäfte locken mit guten Angeboten.

INSIDER-TIPP
Shoppen mit Hygge

SPORT & SPASS

INSIDER-TIPP
Saunieren mit Goldfischen

SYDTHY KURBAD

Die Außensauna ist auf Pfählen in einen Goldfischteich hineingebaut und hat einen Glasboden: Hier kannst du beim Saunieren Goldfische beobachten. Ansonsten: Wellness und Entspannung auf 800 m² mit Massage unter einem künstlichen Sternenhimmel. Im Café im Kurbadgarten werden verschiedene Obstsorten und Eiswasser serviert. *Di/Mi/Fr 14–19, Do 14–22, Sa 9.30–13.45 u. 14.30–18.30, So 10–17 Uhr | Eintritt 195 Kronen | Idrætsvej 5 | Hurup | sydthykurbad.dk |* *A-B4*

RUND UM THISTED

13 NATIONALPARK THY ★

12 km/16 Min. mit dem Auto über die Primærruter 26 bis Isbjerg, Nors Sø, Hindingvej. | 28 km/30 Min. mit dem Auto über Primærruter 26 und Landstraße 539 bis Stenbjerg Landingsplads | 40 km/40 Min. mit dem Auto über Primærruter 26 und Landstraße 527 bis Lodbjerg Fyr

Wanderschuhe anziehen und Fernglas einpacken: Die einzigartige Tier- und Pflanzenwelt im 244 km² großen Nationalpark Thy (zwischen Hanstholm im Norden und der Landzunge *Agger Tange* an der westlichen Mündung des Limfjords im Süden) wirst du so schnell nicht vergessen. Balzende Kraniche, Rohrweihen am Himmel und röhrende Hirsche am Rand der Heideflächen, dazwischen über 200 kleine und größere Seen, in den Fischotter leben. Am Abend geht es auf die Vogelbeobachtungstürme. Bei Sonnenuntergang sieht die Umgebung aus wie ein Aquarellgemälde: Meer

Ganz entspannt per Gleitschirm vom Kliff an den Strand schweben im Nationalpark Thy

und Fjord am Horizont und ein orange-blau-grauer Himmel. *de.nationalparkthy.dk* | *A–B 3–5*

14 VESTERVIG

35 km/34 Min. mit dem Auto über Primærruter 26 und Landstraße 527

Es ist nicht nur die größte Dorfkirche Nordeuropas, die Touristen nach Vestervig (800 Ew.) lockt. Sandverwehungen haben nördlich vom Ort weitere Attraktionen geschaffen: die Binnenseen *Flade Sø* und *Ørum Sø*. Kristallklares Wasser, Surfanfängergebiet und Angelparadies. Abwechslungsreiche Strände, mal steinig, mal sandig, dann wieder üppig grün und immer naturbelassen. Faszinierend ist der Ausblick vom 35 m hohen *Leuchtturm Lodbjerg Fyr (tgl. 7–21 Uhr | Eintritt 30 Kronen | Lodbjergvej)*. *A4*

15 NØRRE VORUPØR

25 km/27 Min. mit dem Auto über die Landstraße 539

Der kleine Fischerort mit 600 Ew. ist nicht so überlaufen wie etwa Løkken. Seine Fischer bieten Gästen aber das gleiche Spektakel wie ihre Kollegen in Løkken: Wie seit Jahrhunderten ziehen sie ihre Kutter an den Strand, da an der Sandküste keine Naturhäfen zu finden waren. Der Fisch wird direkt vom Boot verkauft und in zwei Läden gleich hinterm Strand. Spareribs, Steaks und Burger gibt es in *Klochs Spisested (im Sommer tgl. | Vesterhavsgade 164 | klochs.com)*. Das *Nordsø Akvariet (Mai–Sept. tgl. 10–16, Juli/Aug. bis 18 Uhr | Eintritt 60 Kronen, Kinder 30 Kronen | Vesterhavsgade 131 | nordsøakvariet.dk | 2 Std.)* zeigt das Meeresleben. *A4*

Gesurft wird in Klitmøller immer – auch bei eher mäßigem Wellengang

16 KLITMØLLER

17 km/20 Min. mit dem Auto über die Landstraße 557

Coole, braungebrannte Typen mit blonder Mähne gleiten elegant auf ihren bunten Brettern über die tosenden Wellen. Klitmøller ist *der* Surfer-Hotspot in Dänemark, und weil die Wellen Pazifik-Niveau haben, nennt man den Ort „Cold-Hawaii". Hier kannst du auch selber aufs Brett steigen, *Surfschulen (coldhawaiisurfcamp.com)* gibt es genug! In jedem Fall musst du im *Café Inside Cold Hawaii (wechselnde Öffnungszeiten | Ørhagevej 150 | Tel. 21 83 01 36 | cafe-coldhawaii.dk | €)* vorbeischauen: Kioskatmosphäre und Surfertreff. Hier gibt es die besten Burger an der gesamten Westküste. *B4*

17 HANSTHOLM

21 km/20 Min. mit dem Auto über die Primærruter 26

In der letzten Ecke von Thy liegt Hanstholm (2100 Ew.), der größte Fischereihafen Dänemarks. Kein Wunder dass es den wohl leckersten Räucherfisch in ganz Jütland in der Alten Räucherei gibt: *Det Gamle Røgeri (tgl. 10–18 Uhr | Kuttergade 7 | €).* Hier kommt der Fisch fangfrisch direkt vom Kutter in die Pfanne oder in den Räucherofen. Die Portionen sind riesig, der Preis klein und die Qualität erstklassig.

INSIDER-TIPP
Frisch, geräuchert, lecker

Die größte Befestigungsanlage des Zweiten Weltkriegs in Nordeuropa mit Bunkern, Kanonen und Munitionsräumen ist zu sehen im *Bunkermuseum (Feb.–Mai u. Sept./Okt. tgl. 10–16, Juni–Aug. 10–17 (Do bis 21) Uhr | Eintritt 100 Kronen | Molevej 29 | bunkermuseumhanstholm.dk).* *B3*

18 TESTCENTER ØSTERILD

13 km/12 Min. mit dem Auto über die Primærruter 11

In Dänemark gibt es reichlich Windräder, aber hast du auch schon mal ein Windrad von innen gesehen? Hier kannst du den unteren Teil eines Windrads besteigen und von einer Plattform die Aussicht genießen. Du erfährst auch alles über Windenergie und kannst einen Windkanal ausprobieren. *Tgl. 7–22 Uhr | Eintritt frei | Test Centervej | Østerild | testcenter.dk |* *B4*

19 NYKØBING MORS

31 km/30 Min. mit dem Auto über Primærruter 26 und Landstraße 581

Das historische Städtchen (9000 Ew.) liegt am Sallingsund und ist die Hauptstadt der Limfjordinsel Mors. Der Limfjord ist mit rund 1500 km² das größte Binnengewässer Dänemarks. Die bekannteste Attraktion des Orts ist der südlich gelegene *Jesperhus Blomsterpark (im Sommer tgl. 10–19 Uhr | Eintritt 228 Kronen, Kinder 198 Kronen | Legind Bjerge | Legindvej 30)* – eine riesige Anlage mit tropischen Vögeln, Krokodilen, Schlangen, Vergnügungspark und mehr.

Im Norden von Mors, etwa 20 km von Nykøbing Mors entfernt, ragen die Klippen von *Hanklit* 61 m hoch auf, die gut zu erwandern und bestens ausgeschildert sind. *B4*

20 FUR

57 km/90 Min. mit dem Auto über Primærruter 26, Landstraße 551 und 5 Min. per Fähre ab Branden Havn

Die 22 km² große Insel ist bekannt für ihre Fossilien. Im *Fur Museum (April–Juni u. Sept./Okt. Di–Fr 12–16, Sa/So 10–17, Juli/Aug. tgl. 10–17 Uhr | Eintritt 70 Kronen | Nederby 28 | furmuseum.dk | 1 Std.)* kannst du 55 Mio. Jahre alte Fossilien bewundern. Die versteinerten Pflanzen und Tiere wurden allesamt auf Fur gefunden. Inselgäste können auch selber auf Fossiliensuche gehen und ihre Fundstücke dann im Museum begutachten lassen. Für seltene Stücke gibt es Finderlohn!

INSIDER-TIPP
Schatzsuche mit Finderlohn

Fähre: Tagsüber alle 15 Min., abends alle 30 Min., nachts jede Stunde | Fahrpreis 20 Kronen, mit Pkw 140 Kronen | kostenlose Überfahrten an verschiedenen Terminen im April und Okt. | Branden Havn | Fur Landevej | Tel. 99 15 64 67 | C4

21 LØGSTØR

54 km/50 Min. mit dem Auto über Primærruter 11 und 29 und Landstraße 533

Løgstør (4100 Ew.) ist Dänemarks Muschelstadt: ein riesiges Muschelgebilde am Ortseingang, Muschelfest im April, frische Miesmuscheln in den Restaurants und Muschelsouvenirs in den Läden. Für die ganze Familie lohnt sich ein Besuch im *Limfjordsmuseet (April–Okt. Sa/So 10–17, Mitte Juni–Aug. tgl. 10–17 Uhr | Eintritt 80 Kronen, unter 18 Jahren frei | Kanalvejen 40 | limfjordsmuseet.dk). C4*

SCHÖNER SCHLAFEN IN NORDJÜTLAND

URLAUB IM MIETWAGEN

Du würdest gerne Urlaub im Wohnwagen machen, hast aber keine Lust, den Koloss bis Dänemark zu ziehen, oder du willst einfach nur mal ausprobieren, ob Camping das Richtige für dich ist? Auf dem schön gelegenen *Campingplatz Råbjerg Mile (Skagen | Kandestedvej 55 | Tel. 98 48 75 00 | eurocampings.de | €€)* kannst du einen voll eingerichteten Wohnwagen mitsamt Vorzelt mieten.

FÜNEN

MÄRCHENSCHLÖSSER UND SÜDSEEINSELN

Fünen ist mehr als irgendeine unter den 450 Inseln Dänemarks: Fünen ist ein Kontinent. Mehr als 1100 km ist die Küste der Insel lang. Im Norden eher rau, im Osten Bucht an Bucht mit Sandstränden, im Süden die Hafenstädte, im Westen einsam, beinahe verlassen – jedes Temperament wird befriedigt.

In der Mitte liegt Odense. Die Heimatstadt von Hans Christian Andersen ist genauso märchenhaft wie seine Werke. Mal voller kultureller Schätze, mal von einzigartiger Natur und im nächsten Moment

Von Wasser umgebener Renaissancebau: Egeskov Slot

hochmodern und mit einem kulinarischen Spitzenangebot. Überall begegnest du Schlössern. Die einen mythisch und voller Geheimnisse, die anderen prunkvoll und voll mit edlem Mobiliar, dazu die an die Neuzeit angepassten mit Segwayverleih und Minigolfanlage im Schlosspark.

Und dann ist da noch die sogenannte dänische Südsee. Ihre Inseln könnten abwechslungsreicher nicht sein: So zeigt sich Langeland als moderne Touristeninsel, und auf Drejø bist du fast mit dir allein.

MARCO POLO HIGHLIGHTS

★ **FJORD & BÆLT CENTER**
Wasserwelt mit Unterwassertunnel in Kerteminde ➤ S. 92

★ **EGESKOV SLOT**
Renaissanceschloss mit herrlichem Park ➤ S. 95

★ **HELNÆS**
Eine Welt für sich mit wunderbarer Aussicht vom Leuchtturm ➤ S. 96

★ **EGEBJERG MØLLE**
Traumhafte Aussicht rund um die Uhr ➤ S. 98

★ **ÆRØSKØBING**
Urgemütliche und hyggelige Hauptstadt der Insel Ærø ➤ S. 102

Korshavn
Martofte
Odense Fjord
Fjord & Bælt Center
2 Kerteminde
Storebælt
Mørud
Kerteminge Nor
Odense
S. 88
Skallebølle
Aunslev
Fraugde
E20
Fyn
Ferritslev
Nyborg 3
SYDDANMARK
De Japanske Haver
Ringe
Fjellerup
Brobyværk
Egeskov Slot 8
Strand von Lundeborg
12 Lundeborg
7 Nøkken & Ellepigen Korinth
50 km, 1 Std.
9
51 km, 40 Min.
Faaborg
S. 93
14
Egebjerg Mølle
6 Bjørnø
Smørmosen
Svendborg
S. 96
Thurø 13
Thurø Rev
4 Avernakø
15 Drejø
Tullebølle
17 Birkholm
Rudkøbing
Langeland
S. 99
16 Strynø
Bregninge
Ærøskøbing
Ærø
S. 102
Dunkær
Marstal Bugt
Ristinge Hale
10 km
6.22 mi

Als hätte die Zeit hier eine kleine Pause gemacht: beschauliche Altstadtstraße in Odense

ODENSE

(🕮 E9) **Odense (193 000 Ew.) ist eine märchenhafte Großstadt – nicht zuletzt dank Hans Christian Andersen, der hier geboren wurde, aufwuchs und später mit seinen Fabeln und Märchen weltberühmt wurde.**

Das wertvolle Erbe wird mit Respekt und Sinn fürs Geschäft verwaltet. Das Stadtzentrum gibt sich immer noch so verwinkelt, historisch herausgeputzt und überschaubar wie vor 300 Jahren, als Odense ein bedeutendes Handelszentrum war.

SIGHTSEEING

BRANDTS

In einer ehemaligen Kleiderfabrik ist eines der führenden Kunstmuseen Skandinaviens im Bereich Fotografie und bewegte Bilder untergebracht. Wechselausstellungen. *Di/Mi, Fr–So 10–17, Do 10–21 Uhr | Eintritt 120 Kronen | Brandts Torv 1 | brandts.dk | ⏲ 2 Std.*

HANS CHRISTIAN ANDERSENS BARNDOMSHJEM ☂

In dem schnuckeligen Fachwerkhaus verbrachte Hans Christian Andersen seine Kindheit. Schlaf- und Wohnstube sind zugänglich. *Jan.–Juni, Sept.–Dez. Di–So 11–16, Juli/Aug. tgl. 10–17 Uhr | Eintritt 75 Kronen | Munkemøllestræde 3–5*

SANKT KNUDS KIRKE

Schmuckstück des gotischen Doms ist der 5 m hohe holzgeschnitzte Altar aus dem Jahr 1521. Einer der größten

Schätze Odenses ist ebenfalls hier zu sehen: der Heiligenschrein mit den Überresten des dänischen Königs Knud, der im Jahr 1086 von Bauern erschlagen wurde. *Di–Sa 10–16, So/Mo 12–16 Uhr | Klosterbakken 2 | odense-domkirke.dk*

HANS CHRISTIAN ANDERSENS HUS

Das kleine gelbe Eckhaus ist ein Muss bei jedem Besuch von Odense: Im originalen Haus mit modernen Anbauten präsentiert das Museum neben Büchern, Briefen, Zeichnungen und anderen Dingen aus Andersens Besitz seine Märchenwelten auch in multimedialer Form. *Aktuelle Öffnungszeiten s. Website | Eintritt ab 185 Kronen, Buchung über die Website erforderlich | Bangs Boder 29 | hcandersens hus.dk*

JERNBANEMUSEUM

Das größte Eisenbahnmuseum Skandinaviens: Eine Remise und ein Bahnhof aus der Zeit um 1900 wurden naturgetreu nachgebaut. Im Lokschuppen stehen auf 21 Gleisen Lokomotiven und Waggons. Eine Minibahn, auf der Kinder mitfahren dürfen, gehört auch dazu. *Sept.–Juni tgl. 9–16, Juli/Aug. tgl. 10–17 Uhr | Eintritt 80 Kronen, Kinder bis 17 J. frei | Danebrogsgade 24 | jernbanemuseum.dk*

HAFEN

Treff auf der *Stadtinsel (Juni–Aug.)* ist der Sandstrand mit Palmen und Strandbar. Kultur aus Grönland, Island und den Färöern mit Konzerten und Ausstellungen gibt es im *Nordatlantisk Hus (Mo–Fr 11–18, Sa/So 11–16 Uhr | Nordatlantisk Promenade 1 | nordatlantiskhus.dk).*

DEN FYNSKE LANDSBY

In diesem Freilichtmuseum mit seinen historischen Bauernhäusern wird gezeigt, wie es um die Mitte des 19. Jhs. auf Fünen ausgesehen hat und wie die Menschen damals lebten. *Mai/Juni, Sept. Di–Fr 10–16, Sa/So 10–17, Juli/Aug. tgl. 10–18 Uhr | Eintritt 75 Kronen, Juli/Aug. 145 Kronen | Sejerskovvej 20 | denfynskelandsby.dk*

ZOO

Neben 2000 Tieren wie Tigern, Tapire, Schimpansen und Giraffen bietet der Zoo von Odense noch etwas Besonderes: Auf einer Fläche von 36 000 m² ist eine Minikopie des Okavango-Reservats in Botswana zu sehen. *Aktuelle Öffnungszeiten s. Website | Eintritt 195 Kronen, Kinder 100 Kronen | Sønder Blvd. 306 | odensezoo.dk | 3–5 Std.*

WOHIN ZUERST?

In die Innenstadt geht es per Regionalzug oder S-Bahn bis Hauptbahnhof. In 10–15 Minuten sind dann alle Sehenswürdigkeiten zu Fuß zu erreichen. Der kostenlose Stadtbus 10 hält z. B. an der Overgade (Altstadt und Andersen), beim City Museum oder beim Schloss (Haltestelle Slottet/Nørregade). Parkplätze gibt es an der Handelsbank (Q-Park Magasin), bei Andersens Statue (Q-Park Comwell H.C. Andersen) und am Fisketorvet (Torvegade).

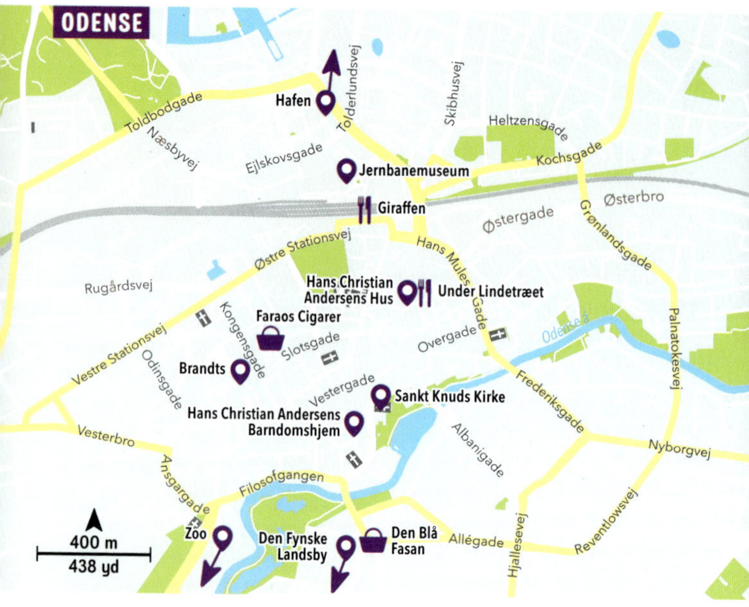

ESSEN & TRINKEN

UNDER LINDETRÆET

Odenses Klassiker liegt gegenüber vom Andersen-Haus. Dänische Küche mit einem Hauch große Welt. Empfehlenswert ist das Abenteuermenü: lokale Zutaten, stilvoll dekoriert. *Mi–Fr 12–22, Sa 10–22, So 10–14 Uhr | Ramsherred 2 | Tel. 66 12 92 86 | underlindetraet.dk | €€€*

GIRAFFEN

Du wirst von zwei übergroßen Holzgiraffen begrüßt. Auch das Interieur ist durch und durch afrikanisch: furchterregende Masken und Jagdpfeile an den Wänden. Die Küche aber ist dänisch-international und der Giraffen-Snack-Korb eine Spezialität des Hauses. *Tgl. 10–23 Uhr | im Banegårdscenter | Østerstationsvej 27 | Tel. 66 14 05 14 | giraffen-odense.dk | €€*

SHOPPEN

FARAOS CIGARER

Die ganze Comicwelt unter einem Dach: Marvel-Kostüme, Spiderman-Figuren, Asterix-Gimmicks und Spiele mit Tim und Struppi. *Mo–Fr 10–18, Sa 10–17, So 10–16 Uhr | Klostervej 3 | faraos.dk*

DEN BLÅ FASAN

Antiquitäten und Vintage – im „Blauen Fasan" finden Fans klassischen Designs Kleidung und Textilien, Möbel und Lampen, Keramik und Porzellan, Werbe- und Straßenschilder – von edel bis kitschig. *Di–Fr 15–17, So 12–16 Uhr | Læssøgade 9 | denblaafasan.dk*

SPORT & SPASS

BOOTSFAHRT AUF DER ODENSE Å

Eine entspannte Reise auf dem Fluss, der Odense durchquert, an Hinterhöfen und Parks entlang. *Mai–Aug. tgl. Abfahrten ab Odense Zoo, Fruens Bøge, Munke Mose, Den Fynske Landsby, Erik Bøghs Sti | Fahrt 109 Kronen, Kinder 3–11 Jahre 79 Kronen | aafart.dk*

GOLF

Wolltest du immer schon mal Golf spielen? Einfacher kommst du kaum zu einer Runde: Der *Odense Eventyr Golf Club (ab 150 Kronen | Falen 227 | westlich des Zentrums | Tel. 65652020 | eventyrgolf.dk)* verfügt über drei 9-Loch-Schleifen, eine Par-3-Bahn und eine 9-Loch-Pay-&-Play-Bahn.

STIGE Ø

Hier präsentiert sich Odense als grüne Stadt. Aus einer ehemaligen Mülldeponie ist mit Stige Ø ein einzigartiges Naturparadies entstanden. Besucher können Kanu fahren oder die Insel zu Fuß oder per Rad entdecken. Es gibt Grillhütten, Feuerplätze und den *Søpavillon (April–Aug. tgl. 11–20, im Juni bis 21.30 Uhr | €)*, eine Imbissbude, die seit 1897 existiert. *stigeoe.dk*

AUSGEHEN & FEIERN

Man trifft sich in der *Altstadt* rund um das Museum zur Erinnerung an den wohl bekanntesten Sohn der Stadt, das Hans-Christian-Andersen-Haus. Beim *Fisketorvet*, dem Fischmarkt, liegen die Kneipen dicht an dicht.

RUND UM ODENSE

1 MIDDELFART

53 km/50 Min. mit dem Auto über die Autobahn E20

Der Kleine Belt ist in Sachen Wassersport ganz groß: Acht Häfen, 16 Tauchreviere, 14 Strände und unzählige Angelgebiete liegen rund um Middelfart (16 000 Ew.). In keinem Gewässer gibt es so viele Schweinswale wie im Kleinen Belt, und dort kannst du die schwimmenden Akrobaten hautnah bei einer Walsafari erleben mit der *MS Marianne (Juni–Aug. Di–Do/So 13.30 u. 16 Uhr | 220 Kronen, Tickets nur online | Tel. 28608821 | ms-marianne.dk)*.

Rund um Middelfart liegen traumhafte Strände, fünf mit blauer Flagge. In Ruhe ein Buch lesen und mal allein sein? Dann ist der *Strib Nordstrand (Strib Fyr | Strib)* genau richtig. Smalltalk, tobende Kinder? Dann auf zum *Vejlby Fed Strand (Rigelvej | Middelfart)*.

Middelfart liegt unmittelbar an der Alten Lillebælt-Brücke. Wenn du schwindelfrei und über 1, 40 m groß bist und mal ein ganz besonderes Abenteuer erleben willst, dann ist Bridgewalking genau das richtige für dich. In 60 m Höhe spazierst du über die Fachwerkbrücke und genießt eine fantastische Aussicht über den Belt und die umliegenden Orte. Es ruckelt übrigens ganz schön, wenn gerade

Die Ny Lillebæltsbro bei Middelfart verbindet Fünen mit Jütland

ein Zug über die Brücke rauscht … *Anmeldung online oder unter Tel. 88 32 58 00 (tgl. 10–14 Uhr) | 315 Kronen | bridgewalking.dk/de.*

Wenn du aber lieber am Boden bleibst, dann schau dir im *CLAY-Museum (Di–So 10–17 Uhr | Eintritt 100 Kronen | Kongebrovej 42 | claymuseum.dk | ⏲ 1 Std.)* filigrane dänische Keramik an. Oder du besuchst die westlich von Middelfart liegende Halbinsel *Hindsgavl* – ein Naturparadies. Hier geben sich Rothirsche, Damwild, Wanderer, Radfahrer und Jogger ein Stelldichein. *🕮 D9*

2 KERTEMINDE

19 km/22 Min. mit dem Auto über die Landstraße 165

Das ★ *Fjord & Bælt Center (Margrethes Plads 1 | Feb.–Dez. tgl. 9–16 Uhr | Eintritt 120 Kronen, im Sommer 150 Kronen, Kinder bis 17 Jahre 60 bzw. 75 Kronen | Margrethes Plads 1 | fjordbaelt.dk)* der Stadt (5500 Ew.) ist Forschungseinrichtung und Erlebniszentrum (mit 50 m langem Unterwassertunnel) zugleich. Hier kannst du Schweinswale und Seehunde hautnah erleben oder eine von den Rangern begleitete Bootstour auf dem Fjord unternehmen. Wenn du Maritimes auch auf dem Teller magst: Vielleicht der beste Fischkoch Dänemarks ist *Rudolf Mathis (März–Dez. Di–Sa 12–13.30 u. 18–21.30 Uhr | Dosseringen 13 | Tel. 65 32 32 33 | rudolf-mathis.dk | €€€). 🕮 F9*

3 NYBORG

34 km/36 Min. mit dem Auto über Autobahn E20 und Landstraße 160

Wie eine Wehrburg thront das *Schloss von Nyborg (wegen Umbau bis 2020 geschlossen)* mit seinen großen, unheimlichen Rittersälen über der Stadt (17 000 Ew.) im Herzen Dänemarks. Rund um das Schloss finden im Sommer Märkte und Ritterspiele statt.

INSIDER-TIPP Rote Würstchen mit Musik

Der Szenetreff der Region ist *Lauses Grill (Mo–Sa 8–22, So 10–22 Uhr | Vesthavnen 1 | lause.dk | €).* Bei Livemusik genießt du direkt am Hafen echte dänische *pølser* aus Langeland, typisch garniert mit Gurken, Röstzwiebeln und Remoulade. Im Sommer treffen sich hier jeden Sonntag Fünens Motorradfahrer und Liebhaber amerikanischer Autos. *F9*

FAABORG

(E10) **Von See Kommende grüßt der dicke, gelbe mittelalterliche Kirchturm, der den Ort Faaborg (7100 Ew.) wie ein Wehrturm überragt.**

Von Land her geht es langsam, still und leise hinein in die kleine Stadt am Rand der dänischen Südsee. Faaborg ist beides: Stadt und Dorf, Marktplatz und kulturelles Zentrum.

SIGHTSEEING

FAABORG MUSEUM

Ein Gesamtkunstwerk. Architektonisch ein Ensemble aus Mosaiken und säulenumrahmten Türbögen unter Glasdächern, und dahinter warten die berühmten Faaborg-Stühle, dänisches Möbeldesign und Skulpturen. Eine Abteilung gehört ganz allein weiblichen Künstlern. Nicht nur hier kommen sogar Kunstbanausen ins Schwärmen. *Aktuelle Öffnungszeiten s. Website | Eintritt 90 Kronen | Grønnegade 75 | faaborgmuseum.dk | 2,5 Std.*

ARRESTEN

Da wird einem Angst und Bange! Lauf mit einer Laterne durch den dunklen Keller, immer dem Verbrechen auf der Spur, feile an Gitterstäben und spiel Richter. In diesem Gefängnismuseum geht es nicht mit rechten Dingen zu. *Wechselnde Öffnungszeiten siehe Website | Eintritt 75 Kronen, Kinder bis 18 Jahre frei | Banegårdspladsen 2 | ohavsmuseet.dk*

VETERANBANEN

Der Orientexpress ist es nicht, aber Flair hat die Museumsbahn aus den 1950er-Jahren: Auf schönere Art kannst du Fünen nicht kennenlernen. Fahrten saisonabhängig mehrmals täglich ab/bis Faaborg mit Aufenthalt in Korinth. *Fahrt (hin u. zurück) 90 Kronen, Kinder bis 12 Jahre 45 Kronen | veteranbanen- faaborg.dk*

ESSEN & TRINKEN

FÅBORG RØGERI CAFÉ

Der rote Holzbau am Hafen ist Szenetreff. Scholle oder Krabben, immer frisch, werden im Glanz der Abendsonne genüsslich verdrückt, dazu ein Chablis oder ein GlasSchampus. *Ostern–Sept. Mi 11–21, Do–So 11–17 (Sa ab 10) Uhr | Vestkaj 3 | Tel. 26 20 17 12 | faaborgroegericafe.dk | €€*

DET HVIDE PAKHUS

Die Fischplatte schmeckt gigantisch, die Atmosphäre ist maritim, der Ausblick unvergleichlich. *Tagesaktuelle Öffnungszeiten s. Website | Chr. d. IX'svej 2 | Tel. 62 61 09 00 | dethvide pakhus.dk | €€€*

SHOPPEN

STOFMØLLEN

Das pure Einkaufsvergnügen: kleine Kunstwerke aus Porzellan, Glas, Ton und Keramik, Gestricktes, Gehäkeltes, Gewebtes, Weihnachtszwerge, Antikes. *Mo–Fr 10–17.30, Sa 10–14 Uhr | Svendborgvej 303*

RUND UM FAABORG

4 AVERNAKØ

11,5 km/30 Min. mit der Fähre

Rot blühende Mohnfelder, 19 km Küste, mal steinig, mal sandig, mal üppig grün, weidende Ziegen, eine kalkweiße Kirche, weit und breit kein Mensch und rundherum nur das blaue Meer – das ist Avernakø (120 Ew.). *Fähre ab Faaborg Havn | 6–8 Abfahrten tgl. | 60 Kronen, mit Pkw 90 Kronen, Juli–Mitte Aug. 130–305 Kronen | Tel. 72 53 18 00 | oefaergen.fmk.dk | E10*

5 LYØ

13 km/40 Min. mit der Fähre

Die 6 km² große Insel mit ihren 80 Ew. gilt als das Kleinod der Südsee. Viele Häuser in Lyø By sind reetgedeckt, in manchen finden sich immer noch Fenster aus mundgeblasenem Glas. Im *Kaufmannsladen (im Sommer tgl. 7.30–20 Uhr | Bygade 13 | lyø.dk)* gibt es täglich frisch gebackenes Brot, und hier treffen sich Touristen und Insulaner auf ein Bier. *Fähre ab Faaborg Havn | 3–6 Abfahrten tgl. | 60 Kronen, mit Pkw 90 Kronen, Juli–Mitte Aug. 130–305 Kronen | Tel. 72 53 18 00 | oefaergen.fmk.dk | E10*

„Neue Kartoffeln – 10 Kronen pro Beutel" – *penge*, das Geld also, bitte in die rote Dose!

6 BJØRNØ

5,5 km/17 Min. mit der Fähre

Nur knapp 40 Menschen leben auf dem etwa 1,5 km^2 großen Inselchen. *Bjørnø By* ist ein idyllisches kleines Dorf mit reetgedeckten Fachwerkhäusern, im Norden gibt es einen passablen Badestrand. | *Fähre ab Faaborg Havn | 4–7 Abfahrten tgl. | 20 Kronen, Fahrräder kostenlos | Tel. 20 29 80 50 | bjoernoefaergen.dk | E10*

7 NØKKEN & ELLEPIGEN KORINTH

8 km/9 Min. mit dem Auto über die Primærruter 43

„Kobolde & Elfen" im unheimlichsten Wald des Landes: Sounddesign zum Schaudern, furchterregende mystische Figuren und Stimmen, die dich das Fürchten lehren, besonders bei schlechtem Wetter. Einfach märchenhaft! *Parkplatz Sollerupvej 24 | ohavs museet.dk/noekken-og-ellepigen | E10*

8 EGESKOV SLOT ★

21 km/20 Min. mit dem Auto über die Primærruter 8

Irre, was sich in dem Renaissanceschloss in 500 Jahren angesammelt hat: verstaubte Gemälde und Kronleuchter, Jagdtrophäen aus Afrika, alte Chippendale-Möbel. Hier werden ganze Epochen lebendig. Sogar ein Oldtimer-Museum gibt es. Traumhaft ist der Blick vom Turmzimmer über die Schlossgärten, die du mit einem „Ritter-Segway" erkunden kannst: ein Meer bunter Blüten und ein himmlischer Duft.

Platz für (große) Kinder gibt's auch auf „Opas Spielplatz", wo man noch Hufeisen wirft oder auf Stelzen läuft, im Kletterwald und in den Labyrinthen. *Juni–Aug. 10–19 Uhr, Sept.–Mai tagesaktuelle Öffnungszeiten auf der Website | Eintritt 245 Kronen | Egeskov Gade 18 | Kværndrup | egeskov.com | E10*

9 ASSENS

34 km/37 Min. mit dem Auto über die Landstraßen 329 und 323

An Assens Küsten dominiert die Abwechslung. Mal triffst du auf grüne und steile Küsten und dann wieder auf traumhafte Sandstrände. Die Stadt (6000 Ew.) am Kleinen Belt hat ihre Ursprünglichkeit bewahrt und trägt den Beinamen „Stadt der Berge". Berge auf Fünen? Ja, aber der höchste Gipfel am Frøbjerg Bavnehøj ist gerade mal 131 m hoch. Doch trotzdem solltest du dir diesen Ausblick nicht entgehen lassen.

Die ganze Region eignet sich hervorragend zum Radfahren, und rund um Assens liegen erforschenswerte Angelreviere. Dänische und internationale Kunst in wechselnden Ausstellungen kannst du in der *Galleri Sulegaarden (Fr–So 11–17 Uhr oder nach Absprache | Eintritt 10 Kronen | Lundagervej 27 | sulegaarden.dk | 1 Std.)* bewundern. Die Galerie befindet sich in einem reetgedeckten Bauernhof. Teile seiner Grundmauern stammen von 1554. *D9*

10 DE JAPANSKE HAVER

24 km/26 Min. mit dem Auto über die Landstraßen 329 und 323

Ein Stück Japan mitten in Dänemark: 700 t Steine, 4000 Bäume und Büsche und 12 300 Pflanzen wurden verarbeitet. Für die Bewässerung der Anlage werden pro Stunde 15 000 l Wasser benötigt. Jeder der fünf Gärten und der Innenhof hat seinen eigenen Stil, ist aber immer japanisch geprägt. Eine Geisha wird dir nicht begegnen, aber du kannst an den schönsten Orten meditieren, Origamis herstellen oder dir ein schönes Picknickplätzchen suchen. Mehrere Male im Jahr brennen beim *aftenåbner* über 140 Lichter und Laternen im Garten, und im Caférestaurant werden Sushi und Sake serviert *(Buffet 200 Kronen, Vorbestellung erforderlich). Mai–Sept. tgl. 11–17 Uhr | Eintritt 85 Kronen | Vøjstrupvej 43 | Broby | Tel. 63 63 00 15 | dejapanske haver.dk | E9–10*

INSIDER-TIPP
Sushi, Sake, Lampions

11 HELNÆS ★

36 km/42 Min. mit dem Auto über die Landstraße 329

Die Insel Helnæs reckt sich zwischen Faaborg und Assens in den Kleinen Belt. Eine Welt für sich, nur über einen schmalen Damm mit dem Festland verbunden. An der Spitze steht der *Leuchtturm Helnæs Fyr* – von hier hast du einen fantastischen Blick hinüber nach Als. Helnæs' Natur erleben wirst du in *Helnæs Maden,* einem menschenleeren Strand- und Küstenabschnitt westlich von Helnæs By. Hier versammelt sich die gesamte Vogelwelt Fünens, die man auf einem 3 km langen Rundwanderweg beobachten kann. *D10*

SVENDBORG

(E10) **Das 750 Jahre alte Svendborg (26 000 Ew.) strahlt ein Temperament aus, das an italienisches Lebensgefühl erinnert.**

Hier wird oftmals gefeiert bis spät in die Nacht, bei Wind und Wetter und natürlich ganz besonders, wenn die Sonne lacht oder laue Sommernächte den Tag scheinbar endlos verlängern. Svendborg ist eine fröhliche Stadt, könnte man sagen.

SIGHTSEEING

NATURAMA

Svendborgs Naturama ist mehr als ein naturhistorisches Museum: Hier kannst du – über die drei Ebenen Wasser, Land und Luft – die Tierwelt zwischen Nordatlantik und europäischem Festland ansehen, berühren und anhand von Filmen, Geräuschen, Bildern oder modernsten Dioramen kennenlernen. *Aktuelle Öffnungszeiten s. Website | Eintritt 120–150 Kronen, Kinder bis 17 Jahre frei | Dronningemaen 30 | naturama.dk | 2 Std.*

ESSEN & TRINKEN

BENDIXENS FISKEHANDEL

Eine Institution am Hafen, die seit über einem halben Jahrhundert frischen Fisch und Schalentiere verkauft und serviert – zum Mitnehmen aus den Verkaufsräumen oder zum Vor-Ort-Genießen als Menü. *Mo–Do 7–17.30, Fr 7–18, Sa 7–14 Uhr | Jessens Mole 2 | Tel. 62 21 18 75 | €*

Sommer im Hafen von Svendborg: Moderne Yachten treffen auf Traditionssegler

MAURITZ – THE BURGER CAFÉ

Das Flair eines Pariser Bistrots und Burger wie in den USA mit 200 g Rindfleisch, Bacon und Käse. Alternativ vegetarisch mit gegrillten Portobello-Pilzen, Mozzarella und karamellisierten Zwiebeln. *Tgl. 10–22 Uhr | Gerritsgade 56 | Tel. 73 70 90 80 | cafemauritz.dk/svendborg/ | €*

SHOPPEN

MØLLERGADE

Svendborgs längste Einkaufsstraße ist im Sommer ein Treffpunkt für Künstler und Straßenmusiker. Klar, dass sich hier Galerien und Ateliers ein Stelldichein geben. Aber es gibt auch eine Vielzahl kleiner Läden, überall gute Restaurants und gemütliche Cafés.

DER GARTEN DÄNEMARKS

Die gesamte Region Südfünen wird als „Der Garten Dänemarks" bezeichnet. So gibt es rund um Svendborg zahlreiche Biobauern, die ihre Ware an Straßenständen und in Hofläden anbieten. | *D–F10*

SPORT & SPASS

DAMPFSCHIFF M/S HELGE

Vom Hafen *(Jessens Mole)* sticht von Mai bis September der 1924 gebaute urige Dampfer in See. Zwei Stunden lang schippert er an den Südseeinseln vorbei und steuert dabei bis zu acht Stationen an. *Abfahrten tgl. 10, 12.30, 14.40, im Juli zusätzlich 16.40 Uhr | Fahrt ab 45 Kronen | Tel. 62 23 30 80 | svendborg-havn.dk*

GORILLAPARK SVENDBORG
Kletterabenteuer: 2,7 km Kletterparcours, über 100 Klettergeräte in einer Höhe von bis zu 26 m. *Öffnungszeiten s. Website | Eintritt 325 Kronen, Kinder 8–11 J. 275 Kronen (online je 30 Kronen billiger), 4–7 J. 95 Kronen | Rødmevej 45 | Stenstrup | gorillapark.dk*

RUND UM SVENDBORG

12 LUNDEBORG

18 km/22 Min. mit dem Auto über die Landstraße 163

Ein kleiner Hafen – und so viel Atmosphäre! Das alte Packhaus, rot und groß und imposant, wurde restauriert und den Fischern von Lundeborg zum Geschenk gemacht. Fisch gibt es direkt vom Kutter, Bier schenkt die Gaststube im Hof des Packhauses aus. Der Strand von Lundeborg ist sehr schön und sehr kinderfreundlich: viel Sand und wenig Brandung. *F10*

13 THURØ

7 km/14 Min. mit dem Auto über die Küstenstraße und den Sund-Damm

Thurø ist durch einen Damm mit dem Festland verbunden und lockt mit einigen herrlichen Stränden: *Smørmosen* ist ideal für Kinder mit Spielplatz und Minigolf, während *Thurø Rev* ein einsamer Naturstrand ist, wo die im Sommer blühenden Salzwiesen bis ans Meer reichen. *F10*

14 EGEBJERG MØLLE ★

10 km/15 Min. mit dem Auto über die Primærrouter 9 und 44

Mit mehreren schönen Naturstränden lockt das vorgelagerte Inselchen Thurø

So eine extravagante Mühle hast du wohl noch nie zuvor zu Gesicht bekommen. Kein Wunder, dass dieses Bauwerk mit Architekturpreisen überhäuft wurde. Dabei begann alles mit einer Skizze und einer Idee ohne finanzielle Mittel. Heute schmückt eine als Prisma gestaltete Glaskuppel die alte Mühle, deren Grundstein bereits 1856 gelegt wurde. Von hier oben sieht die südfünische Küste noch faszinierender aus, und nachts unter dem Sternenhimmel wirkt alles mystisch und friedvoll.

Rund um die Mühle liegen einzigartige Naturräume wie *Egebjerg Bakken*: Hier kannst du nach Wildtieren Ausschau halten, Radtouren machen oder mit Kanu oder Kajak in See stechen. In der Mühle finden regelmäßig Ausstellungen statt, und wenn du noch ein Ausflugsziel für den nächsten Tag suchst, dann wirst du hier fündig. *Ganzjährig rund um die Uhr geöffnet | Eintritt frei | Alpevej 36 | Stenstrup | egebjergmolle.dk | ◫ E10*

15 DREJØ

19 km/70 Min. mit der Fähre

Robinson-Crusoe-Feeling kommt auf Drejø (70 Ew.) auf: einsame Strände, übernachten auf einfachen Zeltplätzen (am Fährhafen) oder in Hütten *(Bækskildevej)*, Fische fangen oder stundenlang die Küste entlangwandern, ohne jemandem zu begegnen. Sehenswert ist die *Kirche* aus dem Jahr 1535 mit ihrem treppenartigen Turm.

Nach dem Kaffeetrinken im bunten Blumengarten erfährst du alles Wissenswerte über die Insel im *Museumscafé Elmegaard (Hestmævej 1 | Juni–Aug. tgl. 12.30–16 Uhr | gl-elmegaard.dk). Fähre ab Svendborg Havn: Platzreservierung unter Tel. 62 23 30 84 | svendborg-havn.dk | ◫ E10*

LANGELAND

(◫ F10–11) **Langeland ist keine gewöhnliche Insel. Dafür sorgt schon die Form – Langeland ist eben das lange Land.**

Über 53 km erstreckt es sich von Norden nach Süden, über 11 km von Ost nach West an der breitesten Stelle, im Durchschnitt sind es 5 km. Im Westen gibt es verwunschene Küstenabschnitte mit Sandstränden, im Süden ist die Insel beinahe eine Wildnis; im Norden gibt sie sich rau und unzugänglich, im Landesinnern liegen verstreut kleine Wälder zwischen weiten Feldern – eine Insel mit vielen Temperamenten.

SIGHTSEEING

RUDKØBING

Rudkøbing (4500 Ew.) ist eine Inselhauptstadt, wie sie im Buch steht. Gemütlich, maritim, Läden mit dem Charme der 1950er-Jahre, Kopfsteinpflaster, Fachwerkhäuser, vor denen der Dannebrog weht und die Kletterrosen in den Himmel ragen. Events finden das ganze Jahr über statt: Livemusik, Kulturnacht und „open by night" mit langen Öffnungszeiten der Geschäfte.

Das schlossähnliche Herrschaftshaus von Gut Skovsgaard wurde 1889 errichtet

Über die Geschichte der Insel von der Steinzeit bis heute informiert das *Langelands Museum (April–Juni, Sept./Okt. Mi–Fr 10–15, Juli/Aug. Di–Fr 10–15, Sa 10–13, Nov./Dez. Mi/Do 10–15 Uhr | Eintritt frei | Jens Winthersvej 12 | langelandsmuseum.com | 1Std.).* Das Restaurant *Gaardhaven (wechselnde Öffnungszeiten | Nørregade 7 | Tel. 53 35 30 07 | gaardhaven.nu | €)* ist eine Begegnungsstätte: Nach dem Saunagang werden dir Tapas serviert, du lernst sticken und lauschst Jazzmusik. Kerzen und Lichterketten sorgen für Stimmung. Dann setz dich auf eine der Bänke am Hafen und genieß die einmalige Stimmung. *F11*

INSIDER-TIPP
Saunieren im Restaurant

TRANEKÆR SLOT

Das Wahrzeichen von Tranekær ist das Schloss, das auf einem von Wasser umgebenen Hügel thront. Im frei zugänglichen Schlosspark wachsen viele seltene Bäume. Gebaut um 1200 als Verteidigungsanlage, ist das Schloss heute ein Tagungshotel. Für zwei Wochen im Sommer öffnet es seine Tore für Besucher *(Führung 150 Kronen, Buchung über tours@tranekaerslot.dk).* Einmalig in Dänemark ist das Museum *Souvenariet (Mai–Sept. Di–So, Mitte Juni–Mitte Aug. auch Mo 11–17 Uhr | Eintritt 30 Kronen | Slotsgade 84b | souvenariet.dk | 1,5 Std.)* im alten Theatergebäude am Fuß des Schlosses; es zeigt 4000 Mitbringsel aus aller Welt. Von Schneekugeln aus Deutschland über Spieluhren aus der Karibik bis hin zu vom dänischen Zoll beschlagnahmten Souvenirs ist alles Mögliche zu sehen. *F10*

SPODSBJERG

Frische Krabben vom Kutter kaufen, sich ein ruhiges Plätzchen am Hafen suchen und Fernglas raus! Hier verläuft das internationale Fahrwasser des Langeland-Belts: Kreuzfahrtschiffe, Fähren, Tanker, Yachten. Stunden kann man hier sitzen ... *F11*

LONGELSE BONDEGÅRDSSKOV

Zwischen Nord- und Südlongelse südlich von Spodsbjerg liegt einer der ältesten und beeindruckendsten Wälder Dänemarks. Auf 90 000 m² wachsen seit knapp 300 Jahren Eichen, Buchen und Kiefern, ohne dass der Mensch eingegriffen hätte. Aus diesem Grund wird der Wald immer mehr zu einem Urwald im wahrsten Wortsinn. *F11*

SKOVSGAARD

Skovsgaard ist ein großer, ökologisch wirtschaftender Musterbetrieb, der Danmarks Naturfond – und damit dessen 15 000 Mitgliedern – gehört: Museum und Bauernhof in einem, mit Café und Hofladen. Vom Hauptgebäude aus lassen sich schöne Spaziergänge unternehmen. Sehr schön ist der *Skovstien*, ein Waldweg, der durch einen Ahornwald und an einem Wikingergrab vorbei zum Meer führt. *April–Okt. tgl. 10–17 Uhr | Tagesaktuelle Öffnungszeiten und Preise s. Website | Kågårdsvej 10 | skovsgaard.dn.dk | F11*

DOVNS KLINT

Die äußerste Südspitze Langelands ist das Dorado der Südsee-Ornithologen. Während der Zugzeiten rasten hier an manchen Tagen bis zu 100 000 Buch- und Bergfinken und 25 000 Ringeltauben, außerdem kreisen Turmfalken und Fischadler über Land und Meer. *F11*

STRÄNDE

Einer der schönsten Strände der gesamten dänischen Südsee befindet sich auf der Halbinsel Ristinge bei *Ristinge Hale*, etwa 15 km südlich von Rudkøbing. Die Dünen sind aus feinstem Flugsand modelliert. Ebenfalls sehr empfehlenswert sind die beiden Strände *Ristinge Strand* und *Nord Strand* an der Nordspitze Langelands, etwa 30 km von Rudkøbing entfernt.

RUND UM LANGELAND

16 STRYNØ

10 km/35 Min. mit der Fähre

Mit seinen 190 Ew. zählt Strynø schon zu den großen Gemeinden der dänischen Südsee. Es duftet so fruchtig bei Mette Meldgaard im Inselobstgarten, dem *Strynø Frugthave (Korsvejen 9 | strynoefrugthave.dk).* Hier gedeihen nach streng biologischen Vorgaben Beeren, Äpfel, Birnen, Trauben, Pflaumen und Nüsse. Du kannst an Führungen teilnehmen, frisch gepresste Säf-

Bunte Badehäuschen, sanfte Brise, leise plätschernde Ostsee: Sommer in Marstal auf Ærø

te probieren oder dir die Mostzubereitung erklären lassen.
Das *Øhavets Smakke- og Naturcenter (Mai–Sept. tgl. 9.30–13.30 Uhr | Strynø Brovej 12 | smakkecenter.dk)* ist Anlaufstelle für alle Aktivitäten auf der Insel. Die Smakke ist ein flacher Kahn, mit dem die Insulaner die dänische Südsee befuhren. Wer will, kann so eine Smakke mieten. Und gleich am Fähranleger befindet sich ein Schwimmsteg. *Fähre ab Rudkøbing: 6–11 Abfahrten tgl. | ab 40 Kronen, mit Pkw ab 230 Kronen | Tel. 63 51 60 65 | langelandkommune.dk |* *E11*

ÆRØ

(E11) **30 km lang und höchstens 8 km breit, eine der größten und schönsten Inseln der dänischen Südsee: Das ist Ærø (6500 Ew.).**
Reetgedeckte Strandhäuser, einsame Sandstrände, grüne Steilküsten, endlos blühende Felder, malerische Häfen und urige Dörfer: Diese Insel lohnt immer einen Besuch, egal, ob du nun deinen Urlaub hier verbringst oder nur einen Tagesausflug unternimmst.
Auf Ærø kannst du kostenlos mit dem Bus fahren, sogar mit Fahrrad. *Fähre im Sommer stdl. ab Svendborg Færgehavn | Fahrtdauer 75 Min. | ab 55 Kronen, mit Pkw ab 113 Kronen | Tel. 62 52 40 00 | aeroe-ferry.dk*

SIGHTSEEING

ÆRØSKØBING ★

Bunte Fachwerkhäuser aus dem Mittelalter, holpriges Kopfsteinpflaster, geschichtsreich und doch modern und in jedem Fall *hyggelig*, wenn am Abend in der *Røgeri (April-Mitte Juni u. Mitte Aug.-Okt. tgl. 11–19, Mitte Juni-Mitte Aug. 10–21 Uhr | Havnen 15 | Tel. 62 52 40 07 | ærørøgeri.dk | €)* Lachs und Forelle auf dem Grill liegen und man bei einem kühlen Bier das Treiben im Hafen beobachtet. Versuch dich mal an alten dänischen Handwerkstraditionen in der *Alten Werft (Mo–Fr 10–17 Uhr | 50 Kronen, Handwerkskurse 100 Kronen | Ærøskøbing Havn 4a | detgamlevaerft.dk)*:

INSIDER-TIPP
Wie die alten Wikinger

Hier kannst du Eisen schmieden, Seile und Taue knüpfen, Kupfer zu Wikingerschmuck verarbeiten oder beim Bootsbau helfen. Der schönste Strand des Städtchens (1700 Ew.) ist der *Vesterstrand*: Bunte Strandhäuschen stehen inmitten des naturbelassenen Küstenstreifens.

MARSTAL

Salz auf den Lippen, der typische Geruch des Meers, am ⚑ Hafen bunt bemalte Kutter und überall Netze, die zum Trocknen ausgebreitet werden. In Marstal (2300 Ew.) herrscht eine maritime Stimmung, die du am besten im *Restaurant Fru Berg (tgl. 12–15 u. 18–open end | Havnepladsen 6 | Tel. 24 63 56 57 | bergsrestauranter.dk | €€)* bei Muscheln mit geröstetem Gemüse genießen kannst. Wie sehr die Schifffahrt die Stadt prägt, zeigt das *Søfartsmuseum (Juni–Aug. tgl. 9–17, Mai/Sept./Okt. 10–16, Nov.-April Mo–Sa 11–15 Uhr | Eintritt 75 Kronen | Prinsensgade 1 | marmus.dk | ⏱ 1,5 Std.)*.

RUND UM ÆRØ

17 BIRKHOLM

9 km/20 Min. mit dem Postboot

Die kleinste unter den Kleinen: knapp 1 km^2 und acht Einwohner. Hier hört man nur das Rauschen der Wellen und das Gezwitscher der Vögel. Die Ruhe ist einmalig. Es gibt sogar einen Mini-SB-Lebensmittelladen – bezahlt wird „auf Vertrauensbasis". Zweimal täglich verkehrt das Postboot „Birkholmposten" *(Mo–Sa | 80 Kronen, Online-Buchung über die Website | birkholmposten.dk)* zwischen Marstal und Birkholm. *🕮 E11*

SCHÖNER SCHLAFEN AUF FÜNEN

SCHLUMMERN IM SCHLOSS

Ein traumhaftes Himmelbett mit Baldachin und Kissen aus rotem Samt und eine frei stehende Badewanne mit vergoldeten Füßen warten im *Schlosshotel Hvedholm (62 Zi. | Hvedholm Slot 1 | Faaborg | Tel. 63 60 10 20 | hvedholm.slotshotel.dk | €€€)*.

WIE ANNO DUNNEMALS

Kein Internet, kein TV und die Einrichtung aus dem 19. Jh. Im *Thurup Hus (Øxnebjergvej 10 | Assens | Tel. 27 14 80 63 | thuruphus.dk | €–€€)* ist die Zeit stehengeblieben. Wer hier übernachtet, kocht auf einem Ofen und holt Wasser vom Brunnen.

SEELAND & SÜDLICHE INSELN

HAUPTSTÄDTCHEN UND DÄNEMARKS SÜDSEE

Auf Seeland wohnen rund 2,5 Mio. Menschen. Das sind rund 44 Prozent aller Dänen. Jütland hat 2,7 Mio. Bewohner, aber auf eine dreimal größere Fläche verteilt. Selbst die Hauptstadt ist mit ihren knapp 600 000 Einwohnern nur ein Hauptstädtchen, und sobald du Kopenhagens Speckgürtel verlässt, wird es wieder ländlich, ruhig und überschaubar.

Das gilt im Norden, wo die besten Strände liegen, ebenso wie im Süden. Aber Seeland ist auch die Insel der Reichen und Mächtigen,

Bunte Bürgerhäuser und Marktstände in Kopenhagens angesagtem Stadtteil Nyhavn

der Könige und Reeder, der Schönen und der Neureichen. Lolland, Falster, Møn und Südseeland wirken dagegen wie vergessen: Zwischen weiten Feldern, langen Stränden und Kreidefelsen ticken die Uhren viel langsamer. Trotzdem sind beide Regionen voller Attraktionen. Du findest in jeder Stadt irgendein Museum, in jedem Hafen wartet ein Fischimbiss auf dich, und am Abend kehrst du in einen Gourmettempel ein, genießt ein Bier in Kopenhagens Szeneviertel Nyhavn oder tanzt an Dänemarks Ballermann in Marielyst ab.

SEELAND & SÜDLICHE INSELN

MARCO POLO HIGHLIGHTS

★ **TIVOLI**
Der erste Vergnügungspark der Welt
➤ S. 109

★ **CHRISTIANIA**
Der „gesetzlose", autonome Stadtteil der Hauptstadt ➤ S. 110

★ **LOUISIANA – MUSEUM OF MODERN ART**
Beeindruckende Kunstsammlung am Øresund ➤ S. 112

★ **FREDERIKSBORG SLOT**
Prächtiges Schloss mit wundervollem Garten ➤ S. 115

★ **WIKINGERSCHIFFMUSEUM**
Das Erbe der großen Seefahrer in Roskilde ➤ S. 116

★ **MØNS KLINT**
Über 100 m hohe Steilküste aus Kreidefelsen ➤ S. 118

7 Gilleleje
6 Tegners Museum
Hesselø Bugt
Esrum Kloster 5
Helsingør 4
Helsingborg
Klippan
E4
ndested
Frederiksværk
Arresø
3 Louisiana - Museum of Modern Art
Frederiksborg Slot 8
E47
Hørsholm
SVERIGE
2 Rungstedlund
Frederikssund
16
Landskrona
Øresund
Eslöv
Farum
E6
Ølstykke
Furesø
53
Værløse
1 Bakken
E20
E22
Jyllinge
Christiania
Lund
S.108
62 km, 1 Std.
Kopenhagen
Taastrup
Roskilde 10
35 km, 35 Min.
Staffanstorp
Tivoli
Wikingerschiffsmuseum
Malmö
Dragør
Solrød Strand
Køge Bugt
Oxie
E65
E22
SKÅNE LÄN
E20
74 km, 1 ¼ Std.
140 km, 1 Std. 40 Min.
E6
Trelleborg
SJÆLLAND
11 Rødvig
E47
Faxe Bugt
Vordingborg
Møns Klint
Møn
S.117
Stubbekøbing
Falster
S.119
Nykøbing Falster
Strand von Marielyst
DEUTSCHLAND
Sandstrand
Gedser

KOPENHAGEN

(◫ J8) **Die Hauptstadt Dänemarks (644 500 Ew.) möchte man am liebsten mit lauter Superlativen beschreiben.**

Kopenhagen ist voller Kontraste, und trotzdem überwiegt das Harmonische. An der Hafenpromenade hockt völlig unspektakulär die kleine Meerjungfrau auf einem Stein, und nur ein paar Kilometer weiter südlich glaubt man beim Anblick der Oper, in Dubai gelandet zu sein. Einerseits ist man treu der Monarchie verpflichtet, und andererseits gibt man sich autonom und gesetzlos in Christiania. Exklusive Designerläden und Flohmarktstände wechseln sich in *Nørrebro* ab. Auch die Verkehrspolitik lässt manche Besucher sprachlos zurück. Kopenhagen gilt weltweit als fahrradfreundliches Vorbild, und man spricht bereits von „Kopenhagenisierung": Die *Cirkelbroen* ist ein architektonisches Wunderwerk und wurde nur für Radfahrer gebaut. Räder werden in Bussen und Bahnen kostenlos transportiert. Was die dänische Hauptstadt sonst noch so alles zu bieten hat, findest du im MARCO POLO Band „Kopenhagen".

Stilbewusst bewacht: Amalienborg

SIGHTSEEING

LILLE HAVFRUE

Das Wahrzeichen von Kopenhagen muss man erst mal finden! Ganz unscheinbar posiert die Kleine Meerjungfrau auf einem Stein am Ende der Hafenpromenade und ist von Hunderten Touristen umgeben. Gestiftet hat sie 1913 Carl Jacobsen, Herr über die Carlsberg-Brauerei. *◫ f1*

AMALIENBORG SLOT

Im majestätischen Schloss befindet sich ein Museum. Hier kannst du die Wohnräume von Königin Louise besichtigen, dir die offiziellen Empfangsräume der königlichen Familie ansehen und dich über die Traditionen der dänischen Monarchie informieren. Schick auch der tägliche Wachwechsel um 12 Uhr. *Jan.–Okt. tgl. 10–17, Nov./Dez. Di–So 11–16 Uhr | Eintritt 125 Kronen | Frederiksgade | kongernessamling.dk | ◫ e3*

ROSENBORG SLOT

Im königlichen Lustschloss Christians IV. kannst du dir alles anschauen, was du schon immer über das Königshaus wissen wolltest: Kleider, Juwelen, Porzellan, Spielzeug, Porträts, selbst der Gang zur Toilette wird dokumentiert. *Aktuelle Öffnungszeiten s. Website | Eintritt 125 Kronen | Kongens Have | kongernessamling.dk |* *c2*

NYHAVN

Die Vergnügungsmeile Kopenhagens ist keine 300 m lang, hat aber von allem etwas. Kneipe an Kneipe, Restaurant neben Restaurant, Tische so dicht nebeneinander, dass es kaum ein Durchkommen gibt. In dem Kanal, an dem vor 200 Jahren die Segler aus aller Welt festmachten, liegen heute Freizeitskipper mit ihren Booten und ehemalige Feuerschiffe. *e3–4*

CHRISTIANSBORG SLOT

Das majestätische Stadtschloss der dänischen Könige ist heute unter anderem Sitz des Folketing, des dänischen Parlaments. Innen kannst du in der umfangreichen Buchsammlung der Könige schmökern und die edlen Seidentapeten bewundern. Dazu gibt es Einblicke in die königliche Küche mit Hunderten Töpfen und Pfannen. In den karg beleuchteten Kellerräumen sind noch die Überreste des ersten Schlosses und des ehemaligen Gefangenenturms zu entdecken *Schloss, Küche, Ruine Jan.–Mai Di–So 10–17, Juni–Dez. tgl. 10–17; Kirche Aug./Juni So 10–17, Juli tgl. 10–17 Uhr | Eintritt zu allen Räumen 160 Kronen, Schloss 95 Kronen, Küche 60 Kronen, Ruine 60 Kronen, Kirche frei | Eingang Schloss, Ruine, Küche: Indre Slotsgård, Eingang Kirche: Christiansborg Slotplads | kongeligeslotte.dk |* *c–d 4–5*

WOHIN ZUERST?

Rathausplatz *(b–c4)*: Unter der Rathausuhr schlägt das Herz von Kopenhagen. Tivoli, Strøget, Nyhavn oder Vesterbro sind von hier in kurzer Zeit zu Fuß erreichbar. Busse verkehren regelmäßig ab **Rådhuspladsen** und **Hauptbahnhof**. Die S-Bahn-Haltestellen **Hauptbahnhof** und **Nørreport** liegen in unmittelbarer Nähe der Innenstadt. Parken im Zentrum ist teuer, besser Parkhäuser ansteuern (Parkleitsystem).

NY CARLSBERG GLYPTOTEK

So schön kann Kunst sein! Ein Hauch von Alexandria und eine Mischung aus Rom und dem Münchner Englischen Garten. Dazwischen überall Skulpturen mit und ohne Kopf: Tiere, Götter und Könige. Außerdem Sarkophage aus Ägypten, dänische Kunst, französische Impressionisten von Paul Cézanne über Claude Monet bis Vincent van Gogh. *Di–So 10–17 (Do bis 21) Uhr | Eintritt 125 Kronen, Di frei | Dantes Plads 7 | glyptoteket.dk |* *2 Std. |* *c5*

TIVOLI ★

Spaß ohne Ende im Tivoli: Achterbahnen, Zaubershows, Karussells! Mit der Achterbahn kannst du dich in die Tiefe stürzen oder ganz gemütlich mit einem Boot durch einen Märchen-

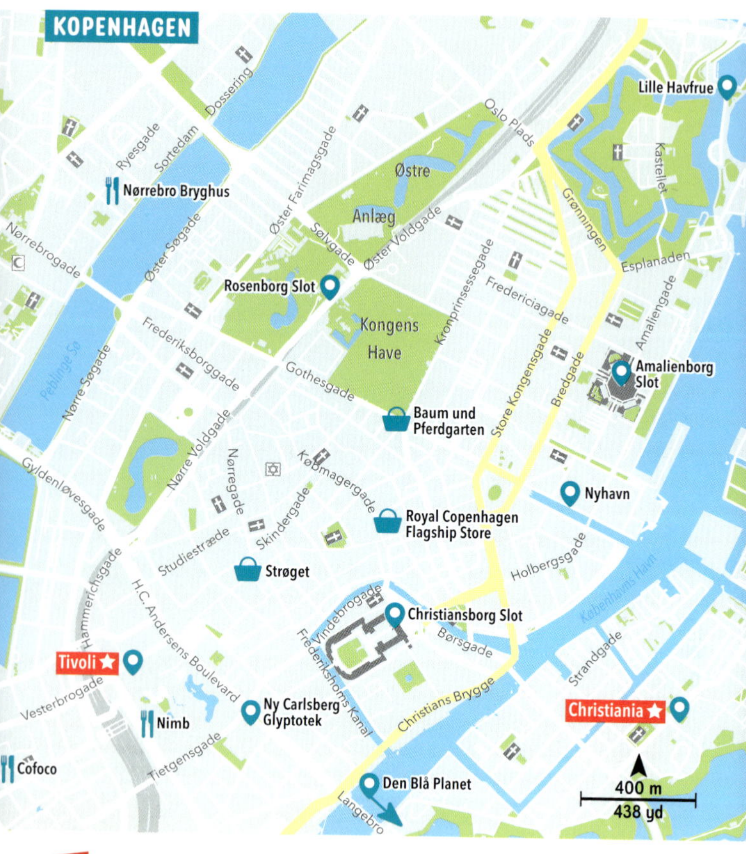

INSIDER-TIPP
Nervenkitzel mit Traumblick

wald gleiten. Mit dem 80 m hohen Kettenkarussell „Star Flyer" schwebst du über den Dächern der Hauptstadt und genießt einen atemberaubenden Blick. Hinterher gibt's Zuckerwatte und Musik aller Art auf der Konzertbühne. Zu Ostern und an Halloween finden im Park verschiedene Events statt. Zu Weihnachten verwandelt sich der Tivoli in eine bunte Lichterwelt. *Aktuelle Öffnungszeiten s. Website | Eintritt ab 145 Kronen, Kinder 3–7 J. 65 Kronen; mit allen Fahrattraktionen 595 Kronen, Kinder 3–7 J. 435 Kronen | tivoli.dk |* *b–c5*

CHRISTIANIA ★

Eine halbe Million Besucher zieht es jährlich in den Kopenhagener Freistaat, der 1971 von einer Gruppe Hippies gegründet wurde. Bis heute ist Christiania eine Art autonomes Gebiet mit eigenen Gesetzen, ein kultureller Tiegel, in dessen Cafés noch immer geraucht wird und wo man Cannabis offen auf der Straße kaufen kann. Freu dich auf Livemusik im Bob-Marley-Style, einen Markt voller bunter Stände und kunstvolle Häuser. Fotografieren teilweise verboten! *f5*

DEN BLÅ PLANET

Tunnelgänge, ringsherum 20 000 Meeresbewohner in 7 Mio. l Wasser. Schaurig schön der Tintenfisch, niedlich der Seeotter, furchterregend der Hai, die du allesamt hautnah erleben kannst. Wer tauchen kann, darf sogar zu den Haien in Wasser. *Mo 10–21, Di–So 10–17 Uhr | Tickets nur online: Eintritt 185 Kronen, Kinder 3–11 Jahre 100 Kronen | Jacob Fortlingsvej 1 | Kastrup | denblaaplanet.dk | J8*

ESSEN & TRINKEN

COFOCO

Restaurant im Rotlichtviertel, äußerst beliebt, anspruchsvoll und doch einfach mit einer Hummersuppe, die selbst Sterneköche erblassen lässt, und einem Sorbet aus Mandarinen mit Mandeln als Dessert. *Tgl. 17.30–24 Uhr | Abel Cathrinesgade 7 | Tel. 33 13 60 60 | cofoco.dk | €€€ | a5*

NIMB

Vier in einem! Im Hotel Nimb hast du die berüchtigte Qual der Wahl: Im *Fru Nimb (So–Do 11–22, Fr/Sa 11–24 Uhr)* trifft auf dem Smørrebrød dänische Leberpastete auf französische Foie gras. Im *Gemyse (So–Do 12–22, Fr/Sa 12–23 Uhr)* sind Fleisch und Fisch nur Nebendarsteller, in der *Brasserie (tgl. 7–11, 12–15.30 u. 17–22 Uhr)* gibt's Austern oder Croques und in der *Bar (So–Do 11–24, Fr/Sa bis 1 Uhr)* nicht nur Steaks. All das in unmittelbarer Nachbarschaft zum Tivoli. *Bernstorffsgade 5 | Tel. 88 70 00 00 | nimb.dk | €€ und €€€ | b5*

NØRREBRO BRYGHUS

In einem Fabrikgebäude aus dem 19. Jh. im multikulturellen Viertel Nørrebro ist diese Mikrobrauerei untergebracht. Hier gibt es nicht nur frisch gebrautes Bier, sondern auch traditionelle dänische Gerichte. *Di/Mi 12–22, Do 2–24, Fr/Sa 12–2 Uhr | Ryesgade 3 | Tel. 35 30 05 30 | noerrebrobryghus.dk | €€ | b1*

SHOPPEN

STRØGET

Eine der längsten Einkaufsstraßen Europas. Hier findest du nicht nur teure Designerläden, sondern auch Vintage- und Secondhand-Boutiquen. Und überall präsentieren sich Straßenmusiker und -maler. *Rådhuspladsen bis Kongens Nytorv | c–d4*

BAUM UND PFERDGARTEN

Hier begannen die dänischen Top-Designerinnen Rikke Baumgarten und Helle Hestehave 1999 mit dem Verkauf ihrer Mode, die heute in aller Welt bekannt ist. *Mo–Fr 11–18, Sa 11–17 Uhr | Vognmagergade 2 | baumundpferdgarten.com | d3*

ROYAL COPENHAGEN FLAGSHIP STORE

Berühmt sind die Weihnachtstische von Royal Copenhagen: Die Königliche Porzellan- und Kristallmanufaktur lädt in ihrem Flagship Store alljährlich Prominente zum freien Gestalten der Auslagen ein. Aber auch sonst lohnt sich ein Besuch des Porzellanladens. *Mo–Fr 10–19, Sa 10–18, So 10–16 Uhr | Amagertorv 6 | royalcopenhagen.com | 🕮 d4*

SPORT & SPASS

HAFENSCHWIMMBAD ISLANDS BRYGGE

Baden im Hafen von Kopenhagen: Islands Brygge ist der Treff für Wasserratten. Die hölzerne Sonnenterrasse dient zum Chillen und als Sprungturm. Platz ist für 600 Leute. *Mai–Sept., wetterabhängig | Eintritt frei | 🕮 c6*

AUSGEHEN & FEIERN

Ausgefallene Bars und kleine Kneipen mit Livemusik findest du rund um den *St. Hans Torv* im Stadtteil Nørrebro. Die Szenetreffs der Stadt liegen zwischen *Rådhuspladsen* und dem Vergnügungsviertel *Nyhavn*.

Tanzen und nette Leute treffen kannst du im *Proud Mary Pub (So–Do 22–2, Fr/Sa 22–5 Uhr | Vesterbrogade 2A | proudmarypub.dk)*. Wenn du es lieber gemütlich magst, dann bist du im *Old English Pub (So–Do 11.30–2.30, Fr/Sa 11.30–4 Uhr | Vesterbrogade 2B)* richtig. Hier kannst du in Ruhe dein Bier trinken. Tolle Cocktails, Biere und Whiskys kannst du auf drei Etagen im *Lidkoeb (Mo–Do 16–2, Fr/Sa 15–2, So 18–2 Uhr | Vesterbrogade 72B | lidkoeb.dk)* zu dir nehmen, einer ehemaligen Apotheke.

RUND UM KOPENHAGEN

1 BAKKEN

15 km/35 Min. per Auto über die Küstenstraße 152

Wo vor 200 Jahren der dänische König Rehe und Wildschweine erlegte, drehen sich seit 150 Jahren Karussells, stehen Buden, verwirren Zauberer die Sinne, erholt sich das Volk bei Bier und Wurst. *Aktuelle Öffnungszeiten siehe Website | Eintritt ab 249 Kronen, Kinder bis 115 cm ab 149 Kronen | Dyrhavevej 62 | Klampenborg | bakken.dk | 🕮 J8*

2 RUNGSTEDLUND

28 km/40 Min. per Auto über Primærruter 2 und 19

Hier ist Karen Blixen geboren und aufgewachsen, hier ist sie gestorben. Das *Karen Blixen Museet (Di–Fr 11–20, Sa/So 11–17 Uhr | Eintritt 100 Kronen | Rungsted Strandvej 111 | karen-blixen.dk | ⏲ 1 Std.)* erinnert an die Schriftstellerin, die im hinteren Teil des Parks, der zum Anwesen gehört, begraben ist. *🕮 J7*

3 LOUISIANA – MUSEUM OF MODERN ART ★

40 km/60 Min. per Auto über die Küstenstraße 152

Der Fabrikant, Kunstmäzen und Sammler Knud Jensen war es, der aus einem ehemaligen Herrenhaus in *Humlebæk* eine Kunststiftung und das wohl am meisten besuchte Museum Dänemarks machte. Jedes Jahr

Schwimmen im Hafen? In Kopenhagen geht das. Im Hafenschwimmbad Islands Brygge

wollen mehr als eine halbe Million Besucher die Werke von Max Ernst, Augusto Giacometti oder Alexander Calder sehen, die zum festen Inventar zählen. Die Sonderausstellungen genießen international hohes Ansehen. Auch der Park mit Ausblick über den Øresund lohnt den Besuch. Mit Cafeteria. *Di–Fr 11–22, Sa/So 11–18 Uhr | Eintritt 145 Kronen | Gamle Strandvej 13 | louisiana.dk | 3 Std. | J7*

4 HELSINGØR

55 km/75 Min. per Auto über die Küstenstraße 152

In der lebendigen Hafenstadt (62 000 Ew.) mit viel historischer Atmosphäre ruht in den Kasematten von *Schloss Kronborg (Tgl. 10–17 Uhr | Tickets nur online: Eintritt 125 Kronen | kronborg.dk)* Holger Danske, eine Skulptur des Bildhauers Pedersen-Dans. Von ihr heißt es, der schlafende Riese werde erwachen, wenn Gefahr für das Land drohe. Sein oder Nichtsein: Auch Shakespeare ließ seinen Prinzen Hamlet auf Schloss Kronborg dramatisch werden, das über den größten und wohl auch schönsten Rittersaal Dänemarks verfügt. Die Aussicht von den Befestigungsmauern hinüber nach Schweden ist überwältigend. *J7*

5 ESRUM KLOSTER

45 km/50 Min. per Auto über Primærruter 19 und Landstraßen 229, 235, 205

Das Kloster war im Mittelalter ein Rückzugsort für den Adel und der Sitz des Zisterzienserordens in Dänemark. Mitte der 1990er-Jahre begann man mit der Renovierung, und nun etabliert sich das Kloster als Touristenattraktion. Hier finden Kochkurse, Opernaufführungen, Märkte und Festivals statt. Gemütlich sitzt man im Hof des Mühlencafés. Der Klosterkeller bietet Speisen, die nach mittelalterlicher Tradition hergestellt werden. Du kannst auch Körbe, Pfeile und Schwerter kaufen oder am sonntäglichen Mittelalter-Brunch teilnehmen. *Di–So 10–16 Uhr | 85 Kronen | Klostergade 11–12 | Esrum | esrum.dk |* *J7*

INSIDER-TIPP
Bratenspieß und Schwertgeklapper

6 TEGNERS MUSEUM

55 km/50 Min. per Auto über Primærruter 19 und Landstraßen 235, 205

Der dänische Bildhauer Rudolph Tegner (1873–1950) schuf sich 1916 sein eigenes Museum inmitten der Heide Nordseelands. Das eigenwillige, achteckige Gebäude erinnert ans Pentagon. Es hat keine Fenster und ist voll mit Werken des Künstlers. Neben dem Museum liegt der 8,5 ha große Skulpturenpark. Verteilt in der Heide stehen Tegners Skulpturen – wie Herakles oder Aphrodite. *April/Mai u. Sept./Okt. Di–So 11–16, Juni–Aug. Di–So 10–17 Uhr, Skulpturenpark ganzjährig | Eintritt 70 Kronen | Museumsvej 19 | Dronningmølle |* *J7*

7 GILLELEJE

62 km/60 Min. per Auto über Primærruter 16 und Landstraßen 267, 251

Strand und Dünen, so weit das Auge reicht. Der Fischerort (6500 Ew.) erfreute sich, ebenso wie das benachbarte Tisvildeleje, schon immer großer Beliebtheit. In *Gilleleje* geht es gepflegt, aber eben auch nicht mondän

Frederiksborg: Nordeuropas größtes Renaissanceschloss liegt auf drei Inseln in einem See

zu. Die Dünen erstrecken sich über mehrere Kilometer, das Wasser ist nicht so bewegt wie an der Westküste, es gibt jede Menge Imbissbuden und Restaurants.

In *Tisvildeleje* musst du *Esthers Garage (tgl. 10–17 Uhr | Tibirkevej 17)* einen Besuch abstatten. Die steckt randvoll mit Interior-Design: Körbe, Blumentöpfe, Keramikmilchkannen, und Schreibtischlampen aus den 30ern und 50ern. Dazu frische Blumen, Geschirrtücher, Schmuck. *J7*

8 FREDERIKSBORG SLOT ★

39 km/37 Min. per Auto über Primærruter 16

Das Schloss der Könige, prachtvoller als alle anderen; ein imposantes Herrschaftsgebäude, das 1859 bis auf die Schlosskirche ausbrannte, 1884 wieder aufgebaut wurde und heute schöner dasteht als je zuvor. Der sehenswerte Barockgarten war einmal der bedeutendste Skandinaviens – nach

Jahren der Rekonstruktion steht er in vollster Blüte. Der Rundgang durch die 70 Räume ist eine Wanderung durch die dänische Geschichte der vergangenen 500 Jahre. *April–Okt. tgl. 10–17, Nov.–März 11–15 Uhr | Eintritt 90 Kronen | Hillerød | dnm.dk | J7*

9 ODSHERRED

90 km/70 Min. per Auto über Primærruter 21

Odsherred ist ein Landstrich mit eigenem Charakter. Bis in das späte 19. Jh. war es eine ländliche Oase, fernab von allem. Land der Bauern und der Fischer. Heute warten rund 20 000 Sommerhäuser auf Gäste. Segeln, Angeln, Surfen, alles, was auch nur im entferntesten mit Wasser zu tun hat – hier wird es geboten. Die Landzunge von *Sjællands Odde* reckt sich 20 km hinaus ins Kattegat: Strand, so weit das Auge reicht, sonst nichts. Und wenn sich der Hunger meldet, dann geht es zum Fischereihafen von Sjællands Odde, um frischen Fisch zu kaufen oder gleich zu essen.

Ein nationales Kleinod wurde zu Beginn des 20. Jhs. in Odsherred ausgegraben. Feldarbeiter entdeckten den *Solvognen,* den Sonnenwagen, eine Opfergabe aus der Zeit um 1000 v. Chr. Das Original befindet sich im Nationalmuseum von Kopenhagen, aber eine Kopie, angefertigt von dem berühmtesten Gold- und Silberschmied Dänemarks, Georg Jensen, ist im *Odsherred Museum (April–Okt. Di–Fr 10–16, Sa/So 11–16, Nov.–März Di–Fr 10–15, Sa/So 11–15 Uhr | Eintritt 50 Kronen | Annebjerg Stræde 1 | Nykøbing Sjælland | vestmuseum.dk |*

Geschnitztes Chorgestühl, vergoldetes Altarretabel: Roskildes Dom ist Weltkulturerbe

1 Std.) zu bestaunen. Es gibt viele Sonderausstellungen, Führungen und kostenlose Outdoor-Veranstaltungen. *G–H 7–8*

10 ROSKILDE

35 km/36 Min. per Auto über Primærruter 21

Die Stadt (48 500 Ew.) war einmal Königssitz, Handelsmetropole und bis ins Mittelalter (1443) Dänemarks Hauptstadt. In der *Domkirche (Mo–Sa 10–16 (im Sommer bis 17/18), So 13–16 Uhr | Eintritt 60 Kronen | Domkirkestræde 10 | roskildedomkirke.dk)* aus dem 12. Jh. liegt gewissermaßen die halbe dänische Geschichte begraben: Hier ruhen nicht weniger als 38 Könige und Königinnen. Roskilde war auch schon zu Zeiten der Wikinger ein wichtiger Handelsplatz. Ein halbes Dutzend Schiffe wurde aus dem Roskilde Fjord geborgen und restauriert. Zu sehen sind sie in einem eigenen ★ *Wikingerschiffsmuseum (tgl. 10–16, im Sommer bis 17 Uhr | Eintritt 125 Kronen, im Sommer 160 Kronen, Kinder bis 17 Jahre frei | Vindeboder 12 | vikingeskibsmuseet.dk)*. Im Sommerhalbjahr kann man mit einigen der rekonstruierten Wikingerschiffe hinaus auf den Roskilde Fjord fahren. *H8*

11 RØDVIG

74 km/75 Min. per Auto über Autobahn E20 und Landstraße 261

Der Kalte Krieg ist noch immer allgegenwärtig in Rødvig (1700 Ew.). Am *Stevns Klint*, einer der berühmtesten Steilküsten des Landes, wurde 1954 die größte Nato-Überwachungsfes-

tung am Øresund gebaut. Heute sind Kanonen, 1,6 km unterirdischer Gänge und die Kommandozentrale als Museum zum Kalten Krieg *(Koldkrigsmuseum)* für jedermann zugänglich: *Stevnsfortet (Aktuelle Öffnungszeiten s. Website, Mitte Dez. bis Mitte Feb. geschl. | Eintritt 80 Kronen, unterirdische Räume nur im Rahmen einer Führung 180 Kronen | Korsnæbsvej 63 | kalklandet.dk).*
Draußen wirkt die bis zu 41 m hohe und 15 km lange Steilküste fast surreal, ein Vogelparadies und Unesco-Weltnaturerbe. Die *Alte Kirche von Højerup* vom Beginn des 13. Jhs. steht heute wagemutig direkt an der Kliffkante. *J9*

MØN

(H–J 10–11) **Die östlichste Insel Dänemarks – abgesehen von Bornholm – ist eine Schönheit und ein ideales Radlerterrain.**
Majestätisch thronen die Kreidefelsen, das Wahrzeichen der Insel, über der Ostsee. Die Küste präsentiert sich mal felsig, mal mit Pflanzen bewachsen und mal mit kleinen Sandstränden. Auch die malerischen Dörfer mit ihren kleinen Häfen und Kirchen mit mittelalterlichen Fresken machen den Reiz der Insel aus.

SIGHTSEEING

STEGE

Stege (3800 Ew.), die Stadt der Heringe, ist von blauem Wasser (Stege Nor und Stege Bugt), grüner Küste und alten Festungsmauern mit dem Stadttor *Mølleporten* (13. Jh.) umgeben. Dahinter liegen verwinkelte Gassen und Fachwerkhäuser aus dem Mittelalter. Überall findet man ein ruhiges Plätzchen, um die Schönheiten des Städtchens zu genießen. Zum Beispiel am lebendigen Hafen, wo die Segelboote sanft vom Wind hin- und hergeschaukelt werden und wo Fischer ihren Fang anlanden.
Die Auswahl auf der Speisekarte ist nicht sehr groß, aber dafür ist jedes Gericht ein kleines Geschmackserlebnis: Im *David's (Mo–Fr 10–17, Sa/So 10–16 Uhr | Storegade 11 | Tel. 33 13 80 57 | davids.nu | €€)* kreiert der Kochbuchautor und TV-Koch David Jensen frische Gerichte und hervorragende Tapas wie gebackene Rote Bete, Perlhuhnfrikadelle, Knoblauchtörtchen oder Räucherlachsroulade. Verarbeitet werden nur hochwertige, lokale Produkte.

INSIDER-TIPP
Kammmuschel trifft Knoblauch und Schalotte

Hast du schon mal einen Kinderkaufladen in Zimmergröße gesehen oder eine Ansammlung von Trockenhauben und Friseurstühlen? Außerdem findest du stapelweise Transistorradios aus dem vergangenen Jahrhundert, uralte Fotokameras und blecherne Werbeschilder. Und das ist längst noch nicht alles, was das *Sammlermuseum (Mitte Okt.–Mitte März Do–So 10–17, Mitte März–Mitte Okt. tgl. 10–17 Uhr | Eintritt 60 Kronen, Kinder 5–18 Jahre 30 Kronen | Thorsvangs Allé 7 | thorsvangsamlermuseum.dk)* anzubieten hat … *J10*

MØNS KIRCHEN

Die *Elmelunde Kirke* (🕮 *J10*), die älteste Kirche Møns, liegt rund 12 km östlich von Stege und wurde vermutlich vor 1100 erbaut. Die *Fanefjord Kirke* (🕮 *H9*), erbaut Ende des 13. Jhs., ist weithin sichtbar, wenn man über Bogø und den Grønsund nach Møn fährt. Unter den über 600 dänischen Kirchen mit Kalkmalereien haben die drei Møner Gotteshäuser von Elmelunde, Keldby und Fanefjord eine Sonderstellung. Die Fresken in Elmelunde und Fanefjord stammen wahrscheinlich alle vom sogenannten Elmelunde-Meister, der sie um 1480 ausführte. Zu sehen ist Biblisches: die Schöpfungsgeschichte, der Sündenfall und das Jüngste Gericht. Ungewöhnlich: Adam steuert einen mittelalterlichen Radpflug.

LISELUND SLOT

Das reetgedeckte Schloss Liselund (1792) und sein wunderschöner Schlosspark gehören zu den romantischsten Fleckchen Skandinaviens. Das Schloss kann nur im Rahmen einer Führung *(natmus.dk/museer-og-slotte/liselund)* besichtigt werden. Aber der Park ist frei zugänglich: Seine Teiche sind mit Seerosen bewachsen, und du kannst inmitten von uralten Bäumen picknicken. Am Rand des Parks liegt das *Liselund ny Slot (liselundslot.dk)* von 1887. *Langebjergvej 6 | Borre |* 🕮 *J10*

MØNS KLINT ★

Die weltberühmte Attraktion liegt an der Ostküste der Insel, gut 20 km von Stege entfernt. Anders als auf den Kreidefelsen von Rügen geht es hier auch am höchsten Punkt selten überlaufen zu: Vom 128 m hohen Felsen *Dronningestolen*, dem „Stuhl der Königin", sind bei guter Sicht Südschweden und Rügen zu erkennen. Møns Klint ist eine Zeitreise durch 75 Mio. Jahre Erdgeschichte: Forschende Strandsucher stoßen immer wieder auf versteinerte Seeigel, Ammoniten und andere Zeugen der fernen Vergangenheit. Strahlend schön leuchten die weißen Felsen vom Wasser aus: Zweistündige *Schiffstouren* gehen ab Klintholm Hav mit der 1963 gebauten *M.S. Discovery (200 Kronen pro Person | Tel. 21 40 41 81 | sejlkutteren-discovery.dk).*

Das *Geo-Center Møns Klint (Borre | April–Juni u. Sept./Okt. tgl. 10–17, Juli/Aug. 10–18 Uhr | Eintritt 150 Kronen, Kinder 3–11 Jahre 100 Kronen | Stengårdsvej 8 | moensklint.dk |* ⏲ *1,5 Std.)* bringt Besuchern die Entstehungsgeschichte der beeindruckenden Kreidefelsen näher. Im „Zeittunnel" des multimedialen Natur- und Geologiezentrums ziehen 100 Mio. Jahre in einer halben Stunde vorbei – ein dramatisches Erlebnis. 🕮 *J10*

SPORT & SPASS

Die Farben von Møns Natur waren Vorbild für das *Moena (Di 6.15–8.15 u. 16–19, Mi 16–18.30, Fr 6.15–12 u. 15–18, So 9–10 Uhr | Platanvej 40 | Stege | 55 Kronen, Kinder 40 Kronen)*, ein Schwimmbad mit jeder Menge Attraktionen wie Wasserspielen *(Fr 15–18 Uhr)* und Entspannung bei Kerzenlicht *(Mi 18.30–21 Uhr).*

Møn ist eine Insel voller Bilderbuchperspektiven wie dieser Mohnwiese

FALSTER

(🕮 H11–12) **Kilometerlange Sandstrände, grüne Hügel, lebendige Badeorte – das ist die Insel Falster (43 000 Ew.).**

Zahlreiche Radwege verlaufen quer über die Insel, durch weite Felder, vorbei an kleinen Dörfern, vielen Museen und Freizeiteinrichtungen.

SIGHTSEEING

DANMARKS MOTORCYKELMUSEUM

Motorrad- und Radiomuseum: Eine ungewöhnliche Kollektion (über 200 Motorräder) vom Moped über kultige Harleys bis zum Plattenspieler, zu finden in Falsters ältester Ortschaft *Stubbekøbing. Tagesaktuelle Öffnungszeiten siehe Website | Eintritt 70 Kronen | Nykøbingvej 52 | danmarksmotorcykelmuseum.dk | 🕮 H11*

DANMARKS TRAKTORMUSEUM

Nordeuropas größte Sammlung an Traktoren aus der Zeit von 1880 bis 1960 finden Oldtimerfans in *Eskilstrup*. Die über 200 Dampf- und Dieselrösser machen auch Kindern Spaß. *Mai/Juni Sa–Mo, Juli–Okt. tgl. 10–16 Uhr | Eintritt 60 Kronen, Kinder 5–14 Jahre 30 Kronen | Nørregade 17b | traktormuseum.dk | 🕮 H11*

NYKØBING FALSTER

Die Stadt am Guldborg Sund (16 500 Ew.) ist so etwas wie die heimliche Metropole von Falster. Eine in

Mit dem Segelboot bis auf den Strand: Im Feriengebiet von Marielyst geht auch das

ihrer Bescheidenheit und Gemütlichkeit typisch dänische Mischung aus Zoo und botanischem Garten ist der *Guldborgsund-Zoo (Mai–Okt. tgl. 9–17, Nov.–April 10–16 Uhr | Eintritt 100 Kronen, Kinder 3–15 Jahre 60 Kronen | Østre Allé 97 | guldborgsundzoo.dk)* mit über 1000 Pflanzenarten und Tieren aus aller Herren Länder.

Im Restaurant *Vinkaelderen (Reservierung erforderlich, freie Termine auf der Website | Slotsgade 22A | Tel. 54 85 09 10 | restaurantvinkaelderen.dk | €€)* isst das Auge mit. In einem historischen Weinkeller serviert das Ehepaar Sarah und Mads traditionelle dänische und französische Gerichte als 2- oder 3 Gang-Menüs mit saisonalen Zutaten und alles hausgemacht, auf Wunsch mit Weinbegleitung. *H11*

MARIELYST

Bei Marielyst an der Ostküste von Falster liegt eines der größen Feriengebiete Dänemarks. Und der Strand von Marielyst ist einer der schönsten – und bestbesuchten – Ostseestrände Dänemarks: 20 km weißer Sand, flach abfallend ins Meer.

In der Glasbläserei, der *Stovby Glaspusteri (aktuelle Öffnungszeiten s. Website | Stovbyvej 19B | Væggerløse)* darf jeder zuschauen – und kaufen. Golf mal ganz anders, u. a. mit Fußball oder Frisbee, spielt man im *Golf & Fun Park (aktuelle Öffnungszeiten s. Website | Eintritt frei, einzelne Attraktionen ab 20 Kronen | Bøtø Ringvej 2e | golffunpark.dk).*

Marielyst ist eine Partyhochburg, der Ballermann der Region. Die wildesten Partys feiert man in *Dr. Emils Laborato-*

rium (im Sommer meist ab 23 Uhr | Marielyst Strandvej 30 | Væggerløse) mit Freibier-Hour, Ladies Night, Tanzevents und Flatrate-Trinken. *H11*

GEDSER

Gedser, der Fährhafen ganz im Süden von Falster, hat einen ähnlich schönen Strand wie Marielyst. 25 km feiner Sandstrand ziehen sich hinunter bis zur Odde: Kragen hoch und Mütze auf, denn an der Südspitze bläst immer der Wind! Eine spektakuläre Aussicht genießt du vom Gedser *Wasserturm (im Sommer tgl. 11–17 Uhr | 30 Kronen | Danmarksgade 6)*. Hier erlebst du traumhafte Sonnenuntergänge und kannst bis hinüber nach Warnemünde schauen. *H12*

INSIDER-TIPP
Sunset über Warnemünde

SPORT & SPASS

SVØMME CENTER FALSTER

Freizeitbad mit 60 m langer Rutsche, Wasserpilzen, Warmwasser- und Sportbecken, Beachvolleyballplätzen. *Sept.–Juni Mo–Fr 6–8.30 u. 14–20 (Fr bis 18.30), Sa/So 10–16, Juli/Aug. Mo–Fr 6–8.30 u. 10–16, Sa/So 10–16 Uhr | Eintritt 60 Kronen, Kinder 40 Kronen, Morgenschwimmen 45 Kronen | Kringelborg Allé 3 | guldborgsundhallerne.dk | H11*

LOLLAND

(F–H 11–12) **Lolland repräsentiert Dänemarks Ursprünglichkeit. Fischkutter liegen in den malerischen Häfen, der Fang wird noch in Körben an Land gebracht und die Netze in der Sonne getrocknet.** Viele Strände sind touristisch nicht erschlossen und urwüchsig. Wer nach Lolland reist, der entschleunigt im Eiltempo.

SIGHTSEEING

TOREBY

Natur und Kunst, moderne Architektur und historische Umgebung – im Osten Lollands fasziniert das *Fuglsang Kunstmuseum (April–Juni u. Sept./Okt. Di–So 11–16, Juli/Aug. tgl. 11–17, Nov./Dez. u. Jan.–März Mi–So 11–16 Uhr | Eintritt 85 Kronen | Nystedvej 71 | fuglsangkunstmuseum.dk | 2 Std.)* mit Gegensätzen. Der 1200 m² große weiße Kubus des britischen Architekten Tony Fretton liegt auf dem Gelände des Herrensitzes Fuglsang (15. Jh.). Zur Sammlung gehören Hauptwerke der dänischen Kunst vom 18. bis zum 20. Jh. Ein Raum ist der Künstlergruppe Cobra gewidmet, und es gibt regelmäßige Sonderschauen. *H11*

NYSTED

Das kleine Nysted (1600 Ew.) an Lollands Südküste ist eines der idyllischsten Städtchen der Region. Rund um den Hafen spielt sich im Sommer das Leben ab. Von hier blickt man über die Bucht Nysted Nor auf Schloss Ålholm und den Fehmarnbelt. In Nysteds Gassen kannst du herrlich zwischen bunten historischen Häusern herumbummeln. *H11*

RØDBYHAVN

Hier legen sie an und fahren sie ab im halbstündlichen Rhythmus: die Fähren der deutsch-dänischen Reederei *Scandlines (Fahrtzeit 45 Min. | Pkw ab 47 Euro | Tel. 0049 381 77 88 77 66 | scandlines.de)*. Doch das soll sich bald ändern, soll hier doch der größte Absenktunnel der Welt entstehen. Informieren kannst du dich über den *Femern-Sund-Tunnel* im *Femern-Infocenter (Mo–Fr 12–16 Uhr | Sa/So 10–15 Uhr kostenlose Führungen | Eintritt frei | Vestre Kaj 50 C | femern.com)*. Du kannst die Baustelle auch bei einer Führung besichtigen und Mitarbeitern Löcher in den Bauch fragen. Vom *Aussichtsturm (Gl. Badevej)* hast du einen guten Überblick über den Stand der Arbeiten.

Strauß in der dänischen Savanne: Knuthenborg Safaripark

Rødbyhavn Strand gehört zu den schönsten Stränden Lollands: kinderfreundlich mit Dünen und einem schönen Blick auf den Sportboothafen. G11

MARIBO

Maribo (6000 Ew.) ist eine Naturoase im Zentrum von Lolland. Rundherum von Buchenwäldern umgeben und am *Søndersø* mit seiner einzigartigen Inselwelt gelegen. Erkunden kannst du das 890 ha große Naturareal – Seeadler und Schmetterlinge in der Luft und blühende Orchideen am Boden inklusive – mit dem Ausflugsschiff *„Anemonen" (Mai–Sept. | wechselnde Abfahrtszeiten | Touren 50 Min.–2 Std. | ab 110 Kronen | naturparkmaribo.dk)*, das vom Steg am Dom ablegt. Ein „Must-see" ist die *Domkirche (Mo–Fr 9–17 Uhr | Eintritt frei | Kirkestræde 6 | maribodomkirke.dk)* von 1470 mit ihrem prächtigen Barockaltar und der mächtigen Kanzel. Abends lauschst du dann dem Vogelgezwitscher auf der Seeterrasse des Restaurants des Hotels *Maribo Søpark (Vestergade 29 | Tel. 54 78 10 11 | maribo-soepark.dk | €€)*, und lässt dich verwöhnen mit Kalbfleischpolenta und geschmortem Lolland-Sellerie.

Ein nicht alltägliches Erlebnis ist eine Dampflokfahrt mit der *Museumsbanen Maribo–Bandholm (April–Okt. So, Mi/Do 10.20, 13.20 u. 15.20 ab Bahnhof Maribo | Fahrt ab 50 Kronen | museumsbanen.dk)*. G11

KNUTHENBORG SAFARIPARK

Rund 1000 exotische Tiere wie Giraffen, Nashörner, Kängurus, Tiger, Büffel und Antilopen leben im savannenähnlichen Gehege etwa 8 km nördlich von Maribo. Der weitläufige Park ist von einer 7,5 km langen Steinmauer umgeben. *Tagesaktuelle Öffnungszeiten siehe Website | Eintritt 225 Kronen, Kinder 3–11 Jahre 135 Kronen | Knuthenborg Allé | knuthenborg.dk |* *G11*

KRAGENÆS

In Kragenæs legen die Fähren nach Fejø und Femø ab. Hier zeigt sich die Küste grün, die Strände sind naturbelassen. Schwimmen kannst du in der Nähe des Sportboothafens. Der Naturstrand mit Badesteg ist im Sommer der „place to be".

Südlich vom Sportboothafen liegt inmitten der kargen Küstenlandschaft *Dodekalitten.* Das Denkmal besteht aus zwölf 7–9 m hohen, 25–45 t schweren Steinfiguren und ist mit einem 12-Kanal-Surroundsystem ausgestattet. Die Steinfiguren sind in einem 40-m-Kreis aufgestellt, haben gemeißelte Gesichter, die mit viel Fantasie und durch die Musik unheimlich lebendig wirken. *G11*

INSIDER-TIPP
Osterinsel in der Ostsee

NAKSKOV

Die einstige Werftenstadt (12 500 Ew.) ist heute ein gemütlicher Urlaubsort. Auf der 7,5 km langen Halbinsel Albuen, dem Ellenbogen, kannst du einen ganzen Tag zwischen duftenden Strandnelken und mit kontaktfreudigen Strandkröten verbringen. Die sandig-grünen Strände sind menschenleer. Das *Zuckermuseum (Juni–Okt. Di–So 13–16, Nov./Dez., März/April Sa 13–16 Uhr | Eintritt 50 Kronen | Løjtoftevej 22 | sukkermuseet.dk)* entführt in die Bedeutung der Zuckerrübe für Lolland. *F11*

RUND UM LOLLAND

12 FEMØ

22 km/50 Min. mit der Fähre

Die beiden Inselchen Femø und Fejø liegen im sogenannten Smålandsfahrwasser zwischen Lolland und Seeland. *Fejø* ist bekannt für seine vielen Obstgärten. Hier kannst du durch unberührte Natur spazieren. Noch ruhiger geht es auf *Femø* zu. Grüne, blühende Felder, Strände vor unberührter Landschaft und ein unvergesslicher Blick auf die Ostsee, die hier ganz besonders blau erstrahlt. Femø hat übrigens mehr Bänke als Einwohner. Kaj Larsen entwarf die erste Femøbank, und fortan schlossen sich Künstler aus ganz Dänemark an und bemalten und dekorierten Gartenbänke in allen Formen und Farben. Dir gefällt eine Bank? Dann nimm sie doch einfach mit, als *Bank-Bausatz (300–1600 Kronen | femo.dk)*! Im *Femø Kro (Mai–Sept. | Askhavnsvej 66 & 69 | Tel. 54 71 50 09 | femoekro.dk | €€)* warten geräucherter Aal und geschmortes Rindfleisch auf dich. Beide Inseln kannst du mit Fähren erreichen *(Lolland Færgefart | mehrmals tgl. ab Kragenæs | Tel. 88 32 12 12 | lollandfaergefart.dk).* *G10–11*

INSIDER-TIPP
Kunstvolle Sitzgelegenheit

ERLEBNIS TOUREN

Lust, die Besonderheiten der Region zu entdecken? Dann sind die Erlebnistouren genau das Richtige für dich! Ganz einfach wird es mit der MARCO POLO Touren-App: Die Tour über den QR-Code aufs Smartphone laden – und auch offline die perfekte Orientierung haben.

1 WANDERUNG AUF DEM GENDARMENPFAD

- Historische Grenzgeschichten überall am Wegesrand
- Traumblick auf die Flensburger Förde
- Sagenumwobenes Tunneltal mit heilenden Quellen

Parkplatz Haraldsdalvej

Restaurant Fakkelgaarden

→ 15 km

1 Tag, reine Gehzeit 3½ Stunden

Kosten: 40–50 Euro/Person für Essen und Busfahrt
Mitnehmen: Wasserglas/-flasche für Abrahams Quelle

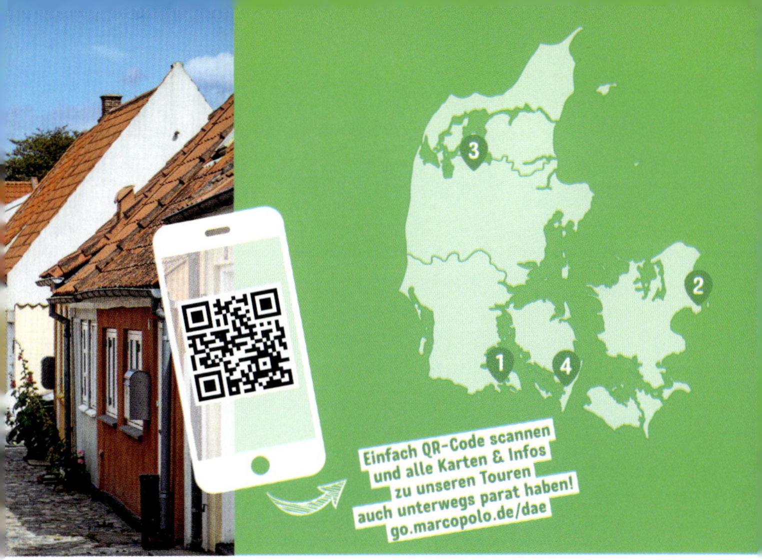
3
2
1
4
Einfach QR-Code scannen
und alle Karten & Infos
zu unseren Touren
auch unterwegs parat haben!
go.marcopolo.de/dae

Langelands Hauptstadt, pardon: Hauptstädtchen Rudkøbing ist Start und Ziel von Tour 4

MAL EIN GRENZGÄNGER SEIN

Die Tour startet südlich von **Padborg** am ❶ **Parkplatz Haraldsdalvej**. Unmittelbar am Grenzübergang gehst du *in Richtung Nordosten und folgst dann einfach immer den Schildern mit den blauen Polizisten*. Dein Weg führt entlang der deutsch-dänischen Grenze und ist mit Grenzsteinen markiert. Es geht über Schotter und durch einen Wald aus Padborg heraus in das ❷ **Haraldsdal**. Das Tal ist benannt nach der Schlacht zwischen Harald Klak und König Regner, die hier im Jahre 826 um den Thron kämpften. Es lohnt sich, mal einen Blick auf den Boden zu werfen. Hier findest du Lochsteine, die früher auf eine Schnur gefädelt wurden und vor Krankheiten schützen sollten. Hinter dem Haraldsdal türmt sich bei ❸ **Niehuus** ein bewachsener Wall auf – das sind tatsächlich noch die Spuren einer alten Burg. Weiter geht es jetzt auf dem historischen **Krummen Weg**, der im Mittelalter von Ochsen- und Pferdegespannen befahren wurde. In Höhe von ❹ **Rønsdam** kannst du ein altes Erdtelefon ausprobieren – beiderseits der Grenze gibt es je einen Hörer, die durch ein unterirdisches „Sprachrohr" verbunden sind. *Du läufst nun weiter an der Grenze entlang* und dann zum ❺ **Mühlensee** von Kruså. Gleich dahinter liegt die **Wassermühle** von Kru-

❶ Parkplatz Haraldsdalvej
960 m 15 Min.

❷ Haraldsdal
750 m 10 Min.

❸ Niehuus
1,1 km 15 Min.

❹ Rønsdam
2,5 km 40 Min.

❺ Mühlensee
1,8 km 30 Min.

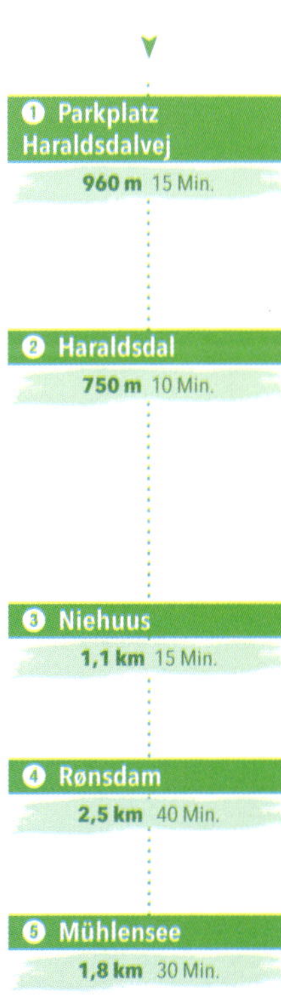

6 La Perla
570 m 10 Min.

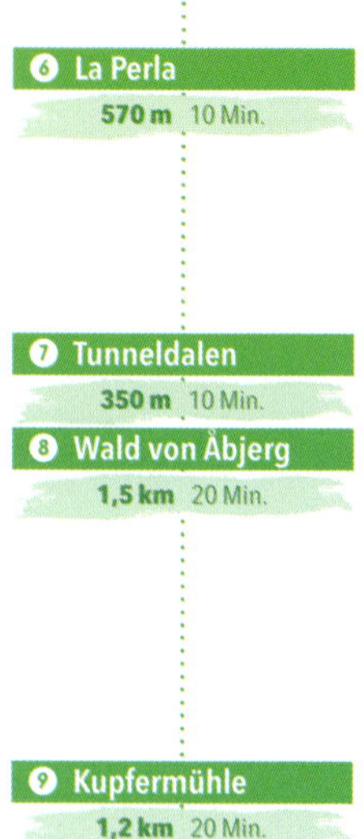

så. Bis 1850 war sie der größte Betrieb in dieser Gegend. Gegen Mittag erreichst du **Kruså**. Zeit für eine Stärkung im Imbiss **6 La Perla** *(Flensborgvej 24 | Fr–So, Di/Mi 11–22, Mo/Do 15.30–22 Uhr | laperlapizza.dk | €), der linker Hand hinter der Grenze liegt.* Hast du Hunger auf Burger, Pizza oder was Leckeres vom Grill?

DURCH WALD UND TAL ZUR STEILKÜSTE

7 Tunneldalen
350 m 10 Min.

8 Wald von Åbjerg
1,5 km 20 Min.

Solchermaßen gestärkt, geht es weiter durchs **7 Tunneldalen**, ein Tal, das von eiszeitlichem Schmelzwasser gebildet wurde, und durch den **8 Wald von Åbjerg** *(Åbjerg Skov)*. Solltest du schon Blasen an den Füßen haben, kommt jetzt Linderung. Denn hier entspringt die sagenumwobene **Abrahams Quelle**. Ihr Wasser soll eine heilende Wirkung haben, wenn man das leere Wasserglas hinter sich wirft, sodass es zerbricht. Wenn du das ausprobiert hat, geht es *weiter in Richtung Süden nach* **9 Kupfermühle**, eine historische Arbeitersiedlung (um 1600), die durch ihre Bauweise an ein Kopenhagener Viertel erinnert. Nun schlängelt sich der Weg durch den **Wald von Kollund** *(Kollund Skov)*. Mach eine Pause unter uralten Buchen und Sitkafichten. Bemerkenswert sind auch die tiefen Schluchten

9 Kupfermühle
1,2 km 20 Min.

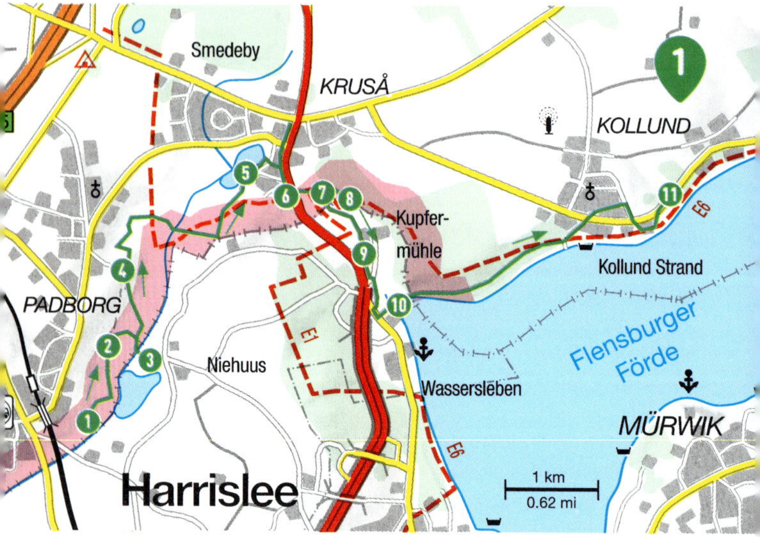

Lichter Buchenwald, von Wanderwegen durchzogen: Kollund Skov

und die steilen Abhänge, die durch die Eiszeit entstanden sind. Kurz vor der Förde erreicht du ⑩ **Skomagerhus**, einen der kleinsten Grenzübergänge Europas. Zu Beginn des 20. Jhs. sollte hier eigentlich ein Wohnviertel errichtet werden. Doch es kam nur zum Bau eines einzigen Hauses, das später als Grenzhäuschen diente.

⑩ Skomagerhus
3,7 km 50 Min.

ENDLICH ABENDESSEN!

Die letzten Kilometer legst du hoch über der Flensburger Förde zurück und wirst von einem wunderschönen Panorama begleitet. Einzigartig ist auch die Tierwelt entlang der Steilküste. Halte unbedingt Ausschau nach dem türkis schillernden Eisvogel! Abends erreichst du dann **Kollund**, wo du die Wanderung bei einem üppigen Essen im ⑪ **Restaurant Fakkelgaarden** *(Di–Sa 12–21/22 Uhr | Fjordvejen 44 | Tel. 73 67 83 00 | fakkelgaarden.dk | €€–€€€)* Revue passieren lassen kannst. Der Bus für die Rückfahrt hält zum Beispiel am Bahnhof *(dsb.dk)*.

⑪ Restaurant Fakkelgaarden

❷ DIE STRASSE DER REICHEN

- Häuser mit bunten Holzfassaden, Schiffe am Horizont
- Endlose, schneeweiße Sandstrände und tiefblaues Wasser
- Königliche Bettgeschichten, Schlösser und Jagdreviere

Strandvejen/Tuborg Boulevard

Bahnhof Grønnehave

57 km

1 Tag, reine Fahrzeit 3½ Stunden

Kosten: 75 Euro/Person für Essen, Picknick und Busfahrt; 50 Euro Eintritt/Person für 4 Museen
Rückfahrt ab Kronborg mit Bus oder Zug *(dsb.dk)*. Staatliche Buslinien und die S-Bahn nehmen Räder kostenfrei mit, für die Züge einiger anderer Gesellschaften braucht man eine extra Platzkarte.
Wenn Jagd ist, wird der *Jægersborg Dyrepark (tgl. rund um die Uhr | Eintritt frei)* ganz oder tw. geschlossen.

❶ Strandvejen/Tuborg Boulevard

6,5 km 30 Min.

❷ Ordrupgaard

6 km 25 Min.

BADEN, BILDER BETRACHTEN, HIRSCHE RÖHREN HÖREN

Du startest nördlich von Kopenhagen ➤ S. 108 an der Kreuzung ❶ Strandvejen/Tuborg Boulevard *und folgst dem Strandvejen (Landstraße 152) in nördlicher Richtung*. Während der gesamten Strecke wirst du von einem skandinavisch-maritimen Panorama aus Häusern mit bunten Holzfassaden, großen und kleinen Schiffen am Horizont und dem Kontrast von schneeweißen Stränden und tiefblauem Wasser begleitet. An dieser Stelle des Øresunds herrscht reger Schiffsverkehr, Kreuzfahrtschiffe und Tanker laufen nach Kopenhagen ein und verlassen es wieder Richtung Norwegen. *Zunächst passierst du den Stadtteil Hellerup.* Kleine Badepause gefällig an den gepflegten Stränden Charlottenlund-Strandpark und Bellevue-Strandpark? Im Sommer badet hier halb Kopenhagen.

Linker Hand im Zentrum von Charlottenlund findest du das Kunstmuseum ❷ Ordrupgaard *(Vilvorde-*

vej 110 | Di/Do 13–17, Mi 13–19, Fr–So 11–17 Uhr | ordrupgaard.dk) mit sehenswerten Objekten und Gemälden von Eckersberg, Købke, Manet, Monet und Cézanne. Der Museumspark *(April–Okt. tgl. 8–18 Uhr | Eintritt frei)* zeigt zeitgenössische Kunst mit wechselnden Außenausstellungen. *Hinter Klampenborg* liegt inmitten des Tiergartens ❸ Jægersborg Dyrehaven das Eremitageslot, ein Jagdschloss, 1736 erbaut und immer noch in königlichem Besitz. Bei einem Spaziergang durch den Park begegnen dir Hirsche und Damwild. Einmal im Jahr wird hier scharf geschossen – wenn die berühmte Hubertusjagd stattfindet. Schon vor Jahrhunderten ging im Dyrehaven der dänische Adel auf die Jagd, während das Volk sich im Vergnügungspark Bakken ➤ S. 112amüsierte.

❸ Jægersborg Dyrehaven
12,9 km 50 Min.

GROSSE LITERATUR, GROSSE LIEBE, GROSSE KUNST

Das nächste Ziel heißt ❹ Rungstedlund ➤ S. 112. Hier ist es Zeit zum Mittagessen im Restaurant Mash

❹ Rungstedlund
5 km 20 Min.

Traumblick: Der Bellevue-Strandpark ist einer von Kopenhagens gepflegten Badestränden

(*Havn 42–44 | tgl. 12–15 u. 17.30–22 Uhr | mashsteak.de | €–€€*), wo du nicht nur leckere Tagesgerichte genießen, sondern auch ein malerisches Hafenpanorama. Unmittelbar am Hafen bist du „jenseits von Afrika", denn hier steht das Haus von Karen Blixen, das heute ein **Museum ➤ S. 112** beheimatet, das sich mit dem Leben der Schriftstellerin beschäftigt. *Du biegst im Ortskern links ab auf die Landstraße 207, dann liegt ca. 3 km entfernt rechts* das königliche **5 Schloss von Hørsholm** *(Hirschholm)*, das auch „Versailles des Nordens" genannt wird. Das Schloss ist heute ein Wellness- und Kongresshotel. Es war einst Schauplatz einer der großen Staatsaffären der dänischen Geschichte. Der königliche Leibarzt von Christian VII., Johann Friedrich Graf von Struensee (1737–72), hatte eine Liaison mit Königin Caroline Mathilde. Die Verbindung wurde aufgedeckt, die Königin daraufhin verbannt; der Arzt hatte weniger Glück: Er wurde hingerichtet. Nach dem Schlossbesuch radelst du *wieder zurück auf die 152* und weiter nach **Humlebæk**, um dort das wohl berühmteste Kunstmuseum Dänemarks zu besichtigen: **6 Louisiana ➤ S. 112**.

5 Hørsholm Slot
13,7 km 50 Min.

6 Louisiana
11,2 km 40 Min.

7 Kronborg Slot
1,1 km 5 Min.

8 Bahnhof Grønnehave

Endstation deiner Tour ist *ca. 13 km weiter nördlich* die Stadt **Helsingør ➤ S. 113**. *Du fährst durch den Fährhafen bis zum* **7 Kronborg Slot ➤ S. 113**. Der Schlossgarten ist ein traumhaftes Plätzchen zum Ausruhen, und sollte es Regen geben, dann gibt es sogar einen überdachten Picknickplatz, die Dänen nennen das *Madpakkerum*: Hier können mitgebrachte Speisen und Getränke verzehrt werden. Deine Fahrt endet am **8 Bahnhof Grønnehave**, den du *über den Ny Kronborgvej und den Kronborgvej (nördliche Richtung)* in wenigen Minuten erreichst. Mit Bus oder Bahn geht es von hier zurück.

3 RADTOUR AM LIMFJORD

- Über Dänemarks längste Holzbrücke radeln
- Seehunde auf Sandbänken beobachten
- Eine der schönsten Kirchen Jütlands besichtigen

Skive, Søndercentret — Skive, Søndercentret

93 km — 2 Tage, reine Fahrzeit 6 Stunden

Kosten: Für 2 Personen: Fahrradmiete 80 Euro, Übernachtung und Essen 330 Euro
Mitnehmen: Badezeug, Fernglas!
Fahrradverleih in Skive im Hotel Skivehus
Kartenmaterial und Infos auch unter *visitskive.dk* und *cyclistic.dk*

MIT BIO-JOGHURT IN DIE KIRCHE

Die Tour beginnt am 1 Skive Søndercentret in Skive. Hier kannst du auf dem Parkplatz dein Auto abstellen und gegenüber im Hotel Skivehus *(Tel. 97 52 11 44 | hotelskivehus.dk)* ein Fahrrad mieten. *Über Dänemarks längste Holzbrücke hinweg passierst du ein üppiges Sumpfgebiet* und erreichst den reizvollen Hafen. *Nun geht es auf der National Cykel Rute 12 weiter.* Bei einem Stopp an der 2 Thise Mejeri *(Di–Fr 10–17, Sa 8.30–12 Uhr | Sundsørevej 62 | Thise | thise.dk)* musst du echten dänischen Ymer probieren, ein Sauermilchprodukt, das mit Vollkornbrotkrümeln gegessen wird. Das essen die Jütländer eigentlich zum Frühstück, es schmeckt aber auch wunderbar zwischendurch. *Ab Nørremark radelst du direkt am Fjord entlang.* Wetten, dass dich die traumhafte Aussicht auf das Wasser und die Insel Fur ➤ S. 83. vom Fahren ablenkt? In Selde liegt eine der schönsten 3 Kirchen *(tgl. 8–16 Uhr | fursundkirker.dk)* Jütlands. Sie wurde im Jahr 1100 gebaut und Anfang des 21. Jhs. aufwendig restauriert.

INSIDER-TIPP
Brotkrümel im Bioprodukt

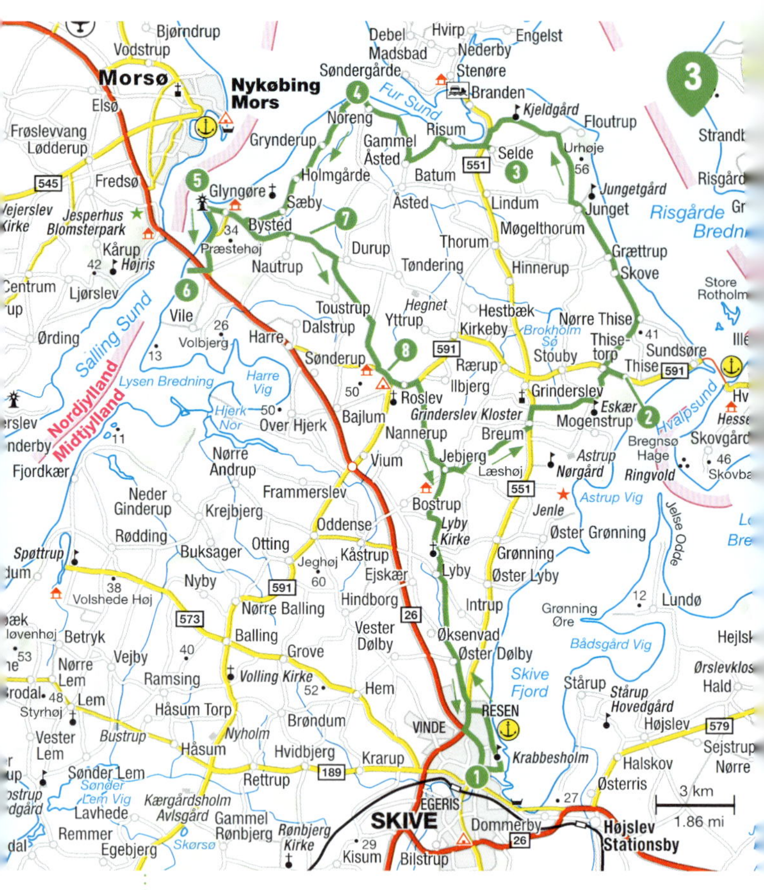

4 Sæbygårds Hage

10 km 40 Min.

AUSTERN AM HAFEN SCHLÜRFEN

INSIDER-TIPP
Robben auf der Bank

Zeit für eine Pause ist am **4 Sæbygårds Hage**, dem wohl schönsten und urigsten Strandabschnitt am Limjord. Hol das Fernglas raus, denn auf der vorgelagerten Sandbank Harholms Bæk kannst du Seehunde und Kegelrobben beobachten! Hier kann man auch im Fjord baden mit Blick auf Nykøbing Mors ➤ S. 83. *Es geht weiter in südöstliche Richtung.* Linker Hand erstreckt sich der **Grynderup Sø**, ein Refugium für Wasservögel mit Picknickplätzen drum herum, das 2011 in Zusammenarbeit mit dem

Naturschutzbund neu entstand. Hier treffen sich Wasservögel zum Konzert, und ihr Singen und Pfeifen wird dich bis ❺ **Glyngøre** begleiten. Freu dich auf ein leckeres Essen im **Limfjords Hus** *(Do–Sa 12–15 u. 17.30–24, So 12–15 Uhr | Odden 17 | limfjordenshus.dk | €€)*, einer kulinarischen Institution am Limfjord. Im Sommer wird ein Buffet am Wasser präsentiert, mit Fisch und Meeresfrüchten, und die „wilde Nacht" im Herbst bietet Pilze, Beeren und Wild aus jütländischen Wäldern. Du kannst aber auch einfach nur gebratenen Fisch bestellen. Frische Austern werden dir in der **Østersbar** *(Do/Fr 11–17, Sa 11–14 Uhr | Kassehusvej 5 | danishshellfish.com | €€–€€€)* serviert. Rund um den Hafen liegen kleine Geschäfte. Auch wenn du von dem idyllischen Ort nur schwer loskommst, musst du irgendwann doch *die leichte Steigung hinaufradeln, die dich hinaus und nach gut 2 km in den Ortsteil Pinen* zu deinem Übernachtungsdomizil bringt, dem ❻ **Pinenhus** *(pinenhus.dk)*.

❺ **Glyngøre**
4,2 km 20 Min.

❻ **Pinenhus**

SCHWARZ-WEISSE KÜHE, ROT-WEISSE FLAGGEN, GELB-GRÜNE FELDER

TAG 2

Der heutige Tag führt dich – teilweise an einer ehemaligen Bahnstrecke entlang – schräg über die Halbinsel zurück nach Skive. *Von der Sallingsund-Brücke radelst du entspannt zurück bis Glyngøre – bergab am Fjord entlang.*

6,9 km 30 Min.

Gleich an der Genbrugsbutik *biegst du rechts ab auf die National Cykel Route 2. Du radelst zunächst am Strand entlang und dann durch einen kleinen Wald.* Immer mit einem nordisch-maritimen Panorama und dann vom Mars zum Jupiter: Das Teilstück bis nach Durup wird nämlich auch als ❼ **Planetenpfad** bezeichnet. Der 6 km lange Weg spiegelt das Sonnensystem im Verhältnis 1:1 Milliarde wider und informiert mit Tafeln über die neun Planeten. *Von Durup führt der Weg weiter nach* ❽ **Roslev Mühle**. Erbaut wurde die Schindeldach-Mühle bereits 1882. Ein schöner Platz zum Ausruhen, es gibt Picknicktische und Bänke. Im Sommer kannst du hier auch Obst und Gemüse an Hofständen kaufen. Nach der Pause *folgst du weiter der Cykel Route 2 bis Jebjerg*. Auf dem letzten Abschnitt bis Skive ist der

❼ **Planetenpfad**
6,8 km 30 Min.

❽ **Roslev Mühle**
18,1 km 70 Min.

Weg das Ziel. Und wieder ist der Ausblick auf blühende Rapsfelder, weidende Kühe und einsam liegende Höfe vor denen der Dannebrog weht, eine Augenweide.

ZUM SCHLUSS: SHOPPING!

Am Havnevej gleich hinter dem Hafen von Skive *biegst du rechts in Richtung Innenstadt ab.* Jetzt ist noch Zeit für einen Einkaufsbummel. Ein kleiner Wasserlauf begleitet dich durch die Fußgängerzone. Hier findest du kleine Läden mit Büchern, Porzellan, Schuhen und Klamotten. Auch die typisch dänischen Genbrugsbutikker (Gebrauchtwarenläden) fehlen natürlich nicht. Der Wasserlauf endet am Marktplatz. Linker Hand liegt das ❶ Skive Søndercentret.

❹ UNTERWEGS AUF LANGELAND

- Picknick mit frischem Obst von der Insel
- Der Duft von Tabakpflanzen und frischen Kräutern
- Wilde Ponys und Fisch direkt vom Kutter

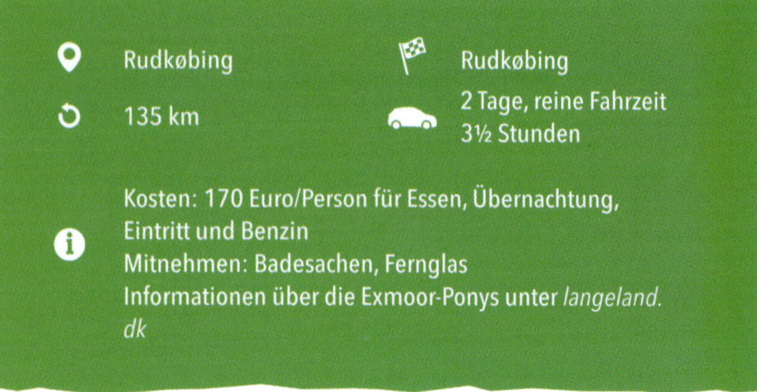

DÄNEMARKS LÄNGSTE KUNSTAUSSTELLUNG

Du startest in der Inselhauptstadt ❶ Rudkøbing ➤ S. 99. *Gleich hinter der Langelandsbroen biegt du links auf den Peløkkevej ab* und fährst geradewegs auf die Frugtplantagen Strandlyst *(tgl.)* zu. Der traditionelle Obsthof besteht bereits seit 1862 und bietet Bio-Obst, das ausschließlich auf der Insel angebaut wird.

Besonders lecker sind die knackigen Äpfel! *Es geht weiter über den Strandvejen nach Osten und an dessen Ende über den Kassebøllevej und den Simmerbøllevej auf die Hauptstraße 305, der du nach Norden folgst.* Westlich von ❷ **Tullebølle** wird dir ein künstlerisch gestalteter **Transformatorenturm** *(Lismosevej 6a)* ins Auge fallen. Er gehört zur längsten Kunstausstellung Dänemarks: Im Jahr 2010 ließ die Insel alle zwölf Transformatorenhäuschen – auf einer Strecke von 150 km – innen und außen von Künstlern gestalten. Entstanden sind außergewöhnliche Kunstwerke. *Du folgst weiter der 305 bis nach* **Tranekær**. Neben dem berühmten ❸ **Schloss** liegt der **Medizinische Garten** *(tgl. von Sonnenaufgang bis zur Dämmerung | Botofte Strandvej | medicinhaverne.dk).* Hier duftet es nach Salbei und Fenchel. Dank des milden Klimas gedeihen auf der Insel viele medizinisch bewährte Kräuter und Pflanzen. In nächster Nähe erlebst du die amerikanischen Südstaaten mitten auf Langeland. Dabei waren die Amis nie hier. Während des Zweiten Weltkriegs bauten die Dänen auf Langeland Tabak an, denn der Import von Tabakwaren war fast unmöglich geworden. So entstand nördlich von Tranekær die ❹ **Tabakscheune** *(Mai–Okt. tgl. 10–17 Uhr | Eintritt frei | Stengadevej 24),* die von Tabakpflanzen umgeben ist und in der noch heute ihre Blätter getrocknet werden.

SPECHTE IM WALD, PFAUEN IM PARK

Weiter geht deine Reise nach Norden bis ❺ **Snøde** – ein typisches Inseldorf mit knapp 400 Ew. Sehenswert ist die mittelalterliche **Kirche** *(Mo–Fr 9–19 Uhr),* die größte Langelands. Das letzte Ziel für heute ist der ❻ **Wald von Stigtehaverne** nördlich von Lohals. Zieh die Wanderschuhe an! Über kleine Pfade, vorbei an Seen und

❼ Skrøbelevs Gods
8 km 10 Min.

TAG 2
❽ Lindelse
10,3 km 10 Min.

❾ Lagunenseen
9,2 km 10 Min.

❿ Bagenkop
2,1 km 5 Min.

durch dunkle Buchenwälder, bekommst du hier einen Eindruck von der einzigartigen Inselnatur. *Über die 305 fährst du dann zurück nach Rudkøbing.* Und wirst dich königlich wohlfühlen im ❼ **Skrøbelevs Gods** *(skrobelevgods.dk)*. Herzstück des Anwesens ist das Herrenhaus. Im Park spazieren stolze Pfauen und es plätschert ein prunkvoller Brunnen. Lass dich am Abend mit einem Menü im Restaurant Riddersalen verwöhnen, und danach: Träum süß in deiner Suite!

LESEZEICHEN FÜRS VOGELBESTIMMUNGSBUCH KAUFEN

Heute steht der Inselsüden auf dem Programm. *Du fährst die 305 nach Süden bis* ❽ **Lindelse**. Ein außergewöhnliches Mitbringsel für zu Hause findest du hier garantiert in der kleinen Kunstwerkstatt: **Det lille Kunstværkstedt** *(tgl. 11–18 Uhr | Blandebjerg 5 | det-lille-kunstvaerkstedt.dk)*. Romie und Manfred Werner fertigen hier außergewöhnliche Lesezeichen aus Kupfer und Silber, Schmuck aus Holz und Glas, anmutige Skulpturen und bunte Schränke. Das hübsche Dorf ist außerdem Heimat der **Phoenix-Mühle** *(tgl. Sonnenauf- bis -untergang | Eintritt frei)* von 1828. Von der Galerie hat man eine wunderschöne Aussicht auf Strynø ➤ S. 101 und Ærø ➤ S. 102.

Deine Fahrt geht weiter über die 305 bis Humble. Südlich vom Ort biegt du nach rechts ab auf den Ristingevej. Nach knapp 1,8 km geht es weiter nach Süden auf dem Nørreballevej. Rechter Hand erstreckt sich eine Reihe von ❾ **Lagunenseen**. Anhalten und Fernglas rausholen! Das Gebiet ist eine der vogelreichsten Gegenden des Landes, mit vielen seltenen Arten. In den Wäldern gibt es außerdem schöne Picknickplätze.

MIT REMOULADE UND BUTTERSAUCE!

Du folgst der Straße bis zum Ende und biegst dann nach rechts auf den Vestervej ab, der dich direkt in den Inselsüden nach ❿ **Bagenkop** bringt. Das ist Hafenstädtchenidylle! Wenn gerade ein Kutter anlegt, kannst du Fisch und andere Meerestiere direkt von Bord kaufen. *Südlich von Bagenkop, wenn du dem Søgårdsvej nach Süden folgt,* kommt du der Inselgeschichte ganz nah bei den ⓫ **Steinzeitgräbern von Hulbjergdyssen**, die über 5000 Jahre alt sind. *Am Ende des Søgårdsvej biegst du nach rechts auf den Gulstavvej ab.* An seinem Ende geraten nicht nur Pferdefreunde beim Anblick der Herde wild lebender Exmoor-Ponys ins Schwärmen. Den besten Blick auf die ca. 80 Stuten und Hengste hat man vom ⓬ **Ømehoj**, einem Hügel in der Nähe des Parkplatzes Gulstav Mose.

Es geht zurück über den Gulstavvej, der dich wieder auf die 305 führt. Auf dem Rückweg solltest du zum Abendessen im ⓭ **Kædeby-Cafeen** *(Mi–Sa ab 15, So ab 12 Uhr | Vestergårdsvej 1a | Humble | kaedebycafeen.dk | €€)* einkehren. Hier kannst du *Rødspætte,* also Scholle, probieren. Auf Langeland-Art zubereitet wird sie gehaltvoll mit Gurkensalat, Remoulade, Kartoffeln und Buttersauce. Danach solltest du unbedingt einen kleinen Verdauungsspaziergang unternehmen. Dann ab ins Auto, und ruckzuck! bist du wieder ❶ **Rudkøbing** ➤ S. 99.

⓫ **Steinzeitgräber von Hulbjergdyssen**
2 km 5 Min.

⓬ **Ømehoj**
13,7 km 15 Min.

⓭ **Kædeby-Cafeen**
13,2 km 15 Min.

❶ **Rudkøbing**

Imposant und wild: die Kliffküste zwischen Bagenkop und Ristinge

GUT ZU WISSEN

DIE BASICS FÜR DEINEN URLAUB

ANKOMMEN

ANREISE

Die meisten Besucher kommen über die A7. Für die ostdänischen Inseln empfiehlt sich die Anreise über Puttgarden. Den Kleinen Belt passiert man über eine kostenfreie Brücke oder mit der Fähre Fynshavn–Bøjden *(alslinjen.dk)*. Sjælland erreicht man schnell über die Große-Belt-Brücke mit dem Pkw ab 26 Euro *(storebaelt.dk)*.

Von Deutschland fahren täglich mehrere Züge ab Hamburg nach Jütland und Fünen. Nach Kopenhagen geht es über die Vogelfluglinie (Puttgarden–Rødby) sowie über die Große-Belt-Verbindung, Auskünfte bei der Bahn, im Reisebüro oder unter *bahn.de*. Es verkehren auch IC-Züge von Berlin und Hamburg über Puttgarden nach Kopenhagen sowie von Hamburg über [...]g nach Aarhus. Eine Rückfahrkarte von Hamburg nach Kopenhagen kostet ab 120 Euro.

Lufthansa und SAS fliegen mehrmals täglich von Deutschland und Österreich nach Kopenhagen, Hin- und Rückflug ab 140 Euro. Mit den Billig-Airlines Eurowings (ab Düsseldorf, ab 78 Euro), Easyjet und Norwegian (ab Berlin-Brandenburg, ab 39 Euro) fliegst du günstiger nach Kopenhagen *(skyscanner.de)*. Ab Terminal 3 fährt im 5-Minuten-Takt (nachts alle 15 Minuten) für 21,50 Kronen (3 Euro) eine Metro in 15 Minuten in die City.

INSIDER-TIPP
Flugs in die City

EINREISE

Vorgeschrieben sind entweder Personalausweis oder Reisepass, die am Tag der Einreise nach Dänemark mindestens noch drei Monate gültig sein müssen. Hunde benötigen den Europäischen Heimtierausweis.

Das Eincremen nicht vergessen: Der Wind täuscht oft über die Kraft der Sonne hinweg!

ZOLL

Freigrenzen bei Ein- und Ausfuhr für EU-Bürger sind z. B. 10 l Spirituosen über 22 Vol.-Prozent und 800 Zigaretten. Für Schweizer gelten bei der Ausfuhr geringere Mengen. Weitere Informationen findest du auf der Website des Auswärtigen Amts unter dem Stichwort Dänemark. *auswaertiges-amt.de*

KLIMA & REISEZEIT

Im Sommer scheint die Sonne über Dänemark genauso häufig wie über Bayern. An der Westküste nimmt der fast immer wehende Wind der Sonne ihre aggressive Note und täuscht so über ihre wahre Strahlkraft und die UV-Belastung hinweg. Also: Sonnenschutz und -creme nicht vergessen.

STROM

230 Volt. Die Steckdosen sehen etwas anders aus als die deutschen, unterscheiden sich technisch aber nicht.

WEITER-KOMMEN

AUTO

Ein Muss ist das Fahren mit Abblendlicht, auch am Tag. Auf Landstraßen sind höchstens 80 km/h erlaubt, auf den meisten Autobahnen 130 km/h. Die Promillegrenze liegt bei 0,5. Der dänische Pannendienst heißt *Falck, Tel. 70 10 20 30.*

TANKEN

Tankstellen sind rund um die Uhr geöffnet und in der Regel ohne Service. Besonders in ländlichen Gebieten sind viele Tankstellen ohne Personal, gezahlt wird an Automaten mit EC- oder Kreditkarte bzw. Geldscheinen. Das klappt nicht immer – daher soll- test du stets die Tankanzeige im Aug behalten, um ggf. noch eine ande

Tankstelle zu erreichen. Euroscheine werden, wenn überhaupt, nur an ganz wenigen Tankstellen in Grenznähe akzeptiert.

BRÜCKEN

Alle Brücken sind kostenlos – bis auf die von Kopenhagen nach Schweden *(oeresundsbron.com)* und die von Fünen nach Seeland *(storebaelt.dk)*. Preise für die einfache Fahrt: Øresund 55 Euro, Storebælt ab 26 Euro

FÄHREN

Nahezu alle bewohnten Inseln des Königreichs sind mit Fähren zu erreichen. Außerhalb der Hochsaison gehen die Preise teilweise um bis zu 50 Prozent zurück. Einige Fähren sind im Mai und im September auch kostenlos. Über die Website der Reedereien oder unter *molslinjen.de* kannst du die Routen, z. B. nach Als, Bornholm, Fanø, Langeland und Samsø, Preise und Fahrtzeiten abrufen.

IM URLAUB

BANKEN, PREISE & GELD

Öffnungszeiten der Banken und Sparkassen in der Regel: *Mo–Fr 10–16, Do 10–18 Uhr.* Das Preisniveau in Dänemark ist wesentlich höher als in Deutschland. Laut Statistik von Eurostat war Dänemark 2019 das teuerste and der EU. Am teuersten sind Fleisch l Backwaren. Auch für Softdrinks, keiten, frisches Obst und Gemü- man tiefer in die Tasche grei- osen sind zwischen 20 und 50 Prozent teurer. Aber: Obst und Gemüse ist an Straßenständen viel billiger, ebenso wie frischer Fisch in den Häfen und Fleisch auf dem Markt. Offizielles Zahlungsmittel ist die Dänische Krone, der Euro wird höchstens in grenznahen Gebieten akzeptiert. Gängige Kreditkarten werden im Allgemeinen akzeptiert, es werden jedoch häufig Gebühren erhoben.

WAS KOSTET WIE VIEL?

Imbiss	4–5 Euro *für einen Pølser*
Fahrrad	12,50–20 Euro *Miete pro Tag*
Bier	6,50–9 Euro *für ein Kleines in der Bierbar*
Kaffee	5–6,50 Euro *für eine Tasse*
Souvenir	ab 12 Euro *für einen Weihnachtswichtel (Julenisse)*
Kaminholz	5–9 Euro *für den 10-kg-Sack*

CAMPING

Alle unabhängigen dänischen Campingplätze unterhalten gemeinsam das Online-Portal *dk-camp.dk*. Hier findest du mehr als 200 Möglichkeiten für einen Traumurlaub mit eigenem Zelt oder Wohnwagen. Alternativ kannst du auch Campingunterkünfte mieten und dich über die Plätze informieren. Die dänische Campingkarte (4,95 Euro) gibt es online unter *campingcard.dk*. Die Karte benötigst du

FESTE & EVENTS

RUND UMS JAHR

MAI

Karneval in Aalborg. *aalborgkarneval.dk*

JUNI

Karneval in Kopenhagen. Im Stadtteil Ærestad. *karneval.dk*

Roskilde Dyrskue. Seelands größte Tierschau mit Bauernmarkt. *roskildedyrskue.dk*

Sankt Hans Aften. Landesweit Feste und Feuer zur Sommersonnenwende am Johannistag (23. Juni)

JULI

★ **Roskilde Festival.** Nordeuropas größtes Rock-/Popfestival. *roskilde-festival.dk*

AUGUST

Kulturhavn. Kulturelles Hafenfest in Kopenhagen. *kulturhavn.kk.dk*

★ **Europäisches Mittelalterfest** in Horsens. *middelalderfestival.dk*

Makrelenfestival. Hafenfest in Sjællands Odde und dänische Meisterschaft im Makrelenangeln. *makrelfestival.dk*

★ **Copenhagen Cooking.** Zehntägiges Kochevent und Gourmetfestival. *copenhagencooking.com*

SEPTEMBER

Drachenfestival auf Rømø am Strand von Lakolk. *danskdrageklub.dk*

Åbent Landbrug. Über 60 Bauernhöfe in ganz Dänemark öffnen Ställe und Scheunen. *aabentlandbrug.dk*

OKTOBER

Kulturnatten. Nacht der offenen Museen in Kopenhagen, Aarhus, Aalborg, Esbjerg usw. *kulturnatten.dk*

NOVEMBER/DEZEMBER

Jul i Tivoli. Weihnachtsspektakel im Tivoli in Kopenhagen. *tivoli.dk*

Jul i den Gamle By. Weihnachten im Freilichtmuseum in Aarhus. *dengamleby.dk*

Julebyen. 6 Wochen Weihnachten i Tønder. *tonderhandel.dk/julebyen*

GRÜN & FAIR REISEN

Du willst beim Reisen deine CO_2-Bilanz im Hinterkopf behalten? Dann kannst du deine Emissionen kompensieren *(atmosfair.de; my climate.org)*, deine Route umweltgerecht planen *(routerank.com)* oder auf Natur und Kultur *(gate-tourismus.de)* achten. Mehr über ökologischen Tourismus erfährst du hier: *oete.de* (europaweit); *ger manwatch.org* (weltweit).

zum Übernachten auf dänischen Campingplätzen – und du profitierst von Rabatten. Wildes Campen ist verboten.

FEIERTAGE

1. Jan.	Neujahr
März/April	Gründonnerstag, Karfreitag, Ostermontag
1. Mai	Tag der Arbeit
Mai/Juni	Himmelfahrt, Pfingstmontag
5. Juni	Verfassungstag
25./26. Dez.	Weihnachten

FERIENHÄUSER

Es gibt über 200 000 Ferienhäuser in Dänemark, etwa 50 000 werden vermietet. Es ist alles im Angebot: Luxus, gehobene Mittelklasse mit Sauna, einfache Mittelklasse und das profane Ferienhaus, ausgestattet mit den alten Möbeln von Oma. Die größten Anbie[illegible]r in Deutschland sind *Novasol, Son-* [illegible] *und Strand, Dansommer, Dancen-* [illegible]nd *Feriepartner Danmark*, ein [illegible]enschluss aller regionalen [illegible]üros.

ÖFFNUNGSZEITEN

Das dänische Ladenschlussgesetz überlässt es dem Inhaber, wann er öffnen möchte, daher können die Zeiten *(in der Regel Mo–Fr 9/10–17.30/18, Do o. Fr bis 19/20, Sa bis 12/16 oder 20 Uhr)* variieren. Supermärkte auf dem Land haben oft *So 7–19 Uhr* geöffnet. Am 1. und letzten So im Monat darf von 10 bis 17 Uhr geöffnet sein.

POST

Öffnungszeiten: *Mo–Fr 9/10–17/18, Sa 9/10–12/14 Uhr.* Auf dem Land verkaufen oft die örtlichen Supermärkte Briefmarken *(frimærker)*; Brief und Postkarte kosten jeweils 36 Kronen. Briefkästen gibt es nicht an jeder Ecke.

TELEFON & HANDY

Die Vorwahl nach Deutschland lautet 0049, nach Österreich 0043, in die Schweiz 0041, nach Dänemark 0045.

Die Verbindung per Handy ist nirgends in Dänemark ein Problem. Prepaidkarten heißen auf Dänisch *Mobiltid* oder *Taletid* und sind z. B. beim Anbieter *TDC (tdc.dk)* oder in Supermärkten ab 50 Kronen erhältlich.

TRINKGELD

Das Trinkgeld ist in den Preisen bereits enthalten (als mitberechneter Aufschlag) und wird auf der Rechnung ausgewiesen. Es ist deshalb in Dänemark allgemein nicht üblich, Trinkgeld zu geben.

UNTERKUNFT

In ländlichen Gegenden kostet ein Doppelzimmer zwischen 75 und 130 Euro, in den Städten mindestens

120, in Kopenhagen ab 150 Euro. Beinahe überall im Land gibt es Bed-&-Breakfast-Angebote *(bedandbreakfast.dk)*. Luxusunterkünfte in Schlössern und Herrenhäusern findest du unter *slotte-herregaarde.dk*. Über Jugendherbergen informiert *danhostel.dk*.

NOTFÄLLE

DEUTSCHE BOTSCHAFT IN KOPENHAGEN

Göteborg Plads 1 | Tel. 35 45 99 00 | kopenhagen.diplo.de

ÖSTERREICHISCHE BOTSCHAFT IN KOPENHAGEN

Sølundsvej 1 | Tel. 39 29 41 41 | bmeia.gv.at/oeb-kopenhagen

SCHWEIZER BOTSCHAFT IN KOPENHAGEN

Richelieus Allé 14 | Tel. 33 14 17 96 | eda.admin.ch/kopenhagen

GESUNDHEIT

Touristen haben in Krankenhäusern Anspruch auf kostenlose Behandlung. Ansonsten gilt, dass du über die gesetzliche Krankenkasse ein Anrecht auf kostenlose ärztliche Behandlung und Rückerstattung von Arzt- - und Medikamentenkosten hast. Die Europäische Krankenversicherungskarte von deiner Krankenkasse muss bei ärztlicher Behandlung oder beim Kauf von Medikamenten vorgezeigt werden.

NOTRUF

Polizei, Feuerwehr, Notarzt: Tel. 1 12, Pannendienst Falck: Tel. 70 10 20 30

WETTER IN KOPENHAGEN

Hauptsaison
Nebensaison

	JAN.	FEB.	MÄRZ	APRIL	MAI	JUNI	JULI	AUG.	SEPT.	OKT.	NOV.	DEZ.
Tagestemperaturen	2°	2°	5°	10°	16°	20°	21°	21°	18°	12°	7°	4°
Nachttemperaturen	-2°	-2°	-1°	3°	8°	11°	14°	14°	11°	7°	3°	1°
Sonnenschein Stunden/Tag	1	2	4	6	8	9	8	7	6	3	1	1
Niederschlag Tage/Monat	11	9	7	9	7	9	10	10	10	10	10	11
Wassertemperatur	3	2	3	5	9	14	16	16	14	12	8	5

Sonnenschein Stunden/Tag   Niederschlag Tage/Monat   Wassertemperatur ir

SPICKZETTEL DÄNISCH

SMALLTALK

ja/nein/vielleicht	ja/nej/måske	ja/nai/moßke'
bitte	værsgod	wärßgo
danke	tak	tak
Gute(n) Morgen!/Tag!/ Abend!/Nacht!	God morgen!/dag!/ aften!/nat!	Goh morgen!/dä'!/ aften!/nätt!
Hallo!/Auf Wiedersehen!	Hej!/Farvel!	Hai!/Farwell!
Tschüss!	Hej hej!	Hai hai!
Ich heiße ...	Jeg hedder ...	Jai hidder ...
Wie heißt du?/ Wie heißen Sie?	Hvad hedder du?/ Hvad hedder De?	Wä' hidder du?/ Wä' hidder Di?
Ich komme aus ...	Jeg kommer fra ...	Jai kommer fra ...
Entschuldige!	Undskyld!	Unnßküll!
Wie bitte?	Undskyld?/Hvad?	Unnßküll?/Wä'?
Das gefällt mir (nicht).	Det kan jeg (ikke) lide.	Det känn jai igge li'

ZEIGEBILDER

ESSEN & TRINKEN

Die Speisekarte, bitte.	Spisekortet, tak.	ßpihßekortet, tak.
Könnte ich bitte … haben?	Jeg vil gerne have …	Jai will gerne hä' …
Messer/Gabel/Löffel	kniv/gaffel/ske	kniw/gaffel/ßkeh
Salz/Pfeffer/Zucker	salt/peber/sukker	ßällt/peber/ßukker
Essig/Öl	eddike/olie	eddigge/ohlie
Milch/Sahne/Zitrone	mælk/fløde/citron	mälk/flöhde/ßitrohn
mit/ohne Eis/ Kohlensäure	med/uden is/brus	mehd/uhden ihß/ bruhß
Vegetarier(in)/Allergie gegen …	vegetar/har allergi mod …	vegetarier/har allergie mohd …
Ich möchte zahlen, bitte.	Jeg vil gerne betale.	Jai will gerne betäle.
Rechnung/Quittung	regning/kvittering	raining/quittering
bar/Kreditkarte	kontant/kreditkort	kontänn/kreditkohrt

NÜTZLICHES

Wo ist …?/Wo sind …?	Hvor ligger ….?/Hvor er …?	Wohr ligger …?/Wohr ähr …?
Wie viel Uhr ist es?	Hvad er klokken?	Wä' är kloggen?
heute/morgen/gestern	idag/imorgen/igår	idäh/imor'en/igohr
Wie viel kostet …?	Hvad koster …?	Wä' koßter …?
Wo finde ich einen Internetzugang?	Hvor er der adgang til internettet?	Wohr är der ädgang till internettet?
offen/geschlossen	åben/lukket	oben/lugged
rechts/links/geradeaus	højre/venstre/ lige ud	heure/wännßtre/ lihe uhd
billig/teuer	billig/dyr	billi'/dühr
gut/schlecht	godt/dårligt	gott/dorlitt
Apotheke (Drogerie)	apotek	äpothek
Fieber/Schmerzen	feber/smerter	feber/ßmerter
Hilfe!/Vorsicht!	Hjælp!/Pas på!	Hjälp!/Päß po!
Verbot/verboten	forbud/forbudt	forbuhd/forbutt
0/1/2/3/4/5/6/7/8/9/ 10/100/1000	nul/en; et/to/ tre/fire/fem/seks/ syv/otte/ni/ti/ hundrede/tusind	null/een; eet/toh/treh/ fihr/fämm/ßex/ßüh/ ohde/ni/ti/hunnred/ tuhßinn

URLAUBS FEELING

ZUM EINSTIMMEN & AUSKLINGEN

WIR ERTRUNKENEN

„Laurids Madsen war im Himmel gewesen, doch dank seiner Stiefel war er auch wieder heruntergekommen." So beginnt Carsten Jensen seine Familiengeschichte. Sie spielt in Marstal auf Ærø. 2008

UNTER DEM SAND

Über 2 Mio. Minen verbuddelte die deutsche Wehrmacht bis 1944 am Strand der dänischen Westküste. Nach Kriegsende wurden junge deutsche Kriegsgefangene zu ihrer Räumung eingesetzt. Nach einer wahren Begebenheit. Oscarnominierter Spielfilm von Martin Zandvliet. 2016

HYGG, HYGG, HURRA!

Warum sind die Dänen angeblich so glücklich und zufrieden, und was ist hyggelig für ein Gefühl? Die Londoner Journalistin Helen Russell zieht mit ihrem Mann ins langweilige Jütland, weil der einen Job bei Lego annimmt. 2017

DIE JAGD

Lucas arbeitet als Erzieher im Kindergarten seines Heimatdorfs, und die fünfjährige Klara ist schwer in ihn verliebt. Eines Tages wirft ihm die Dorfgemeinschaft Kindesmissbrauch vor. Oscarnominierter Film von Thomas Vinterberg. 2014

PLAYLIST QUERBEET

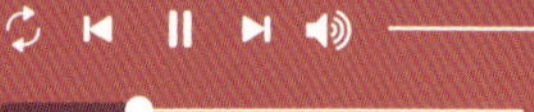

LUKAS GRAHAM – 7 YEARS
Welthit der Kopenhagener Band um Frontmann Lukas Graham (2015 44 Wochen Nummer 1 der deutschen Charts)

EMMELIE DE FORREST – ONLY TEARDROPS
13 Jahre nach den schon legendären Olsen Brothers gewann Emmelie Charlotte-Victoria Engstrøm den ESC 2013 für Dänemark

GITTE HÆNNING – ICH WILL ´NEN COWBOY ALS MANN
Der Song katapultierte die Dänin 1963 in den Schlagerhimmel

LARS STRYG BAND – DER BOR EN LILLE NISSEMAND
Dieses traditionelle Weihnachtslied kennt in Dänemark jedes Kind

BØRNESANGE – SOMMER I DANMARK
Wird in dänischen Schulen im Sommer jeden Morgen gesungen

Den Soundtrack zum Urlaub gibt's auf **Spotify** unter **MARCO POLO** Denmark

Oder Code mit Spotify-App scannen

AB INS NETZ

RASMUS BROHAVE
Mit 14 Jahren dreht Rasmus Brohave seines erstes Youtube-Video in seinem Kinderzimmer in Fünen. 2016 wird er zum dänischen Youtube-Star des Jahres gewählt. Er sendet live vom Roskilde-Festival und kocht mit dänischen Starköchen.

COPENHAGENFASHIONWEEK.COM
Website und App mit jeder Menge Tipps zur angesagten Messe, zu Boutiquen, Modeshows, Bars und Szenetrends

KRAK.DK
Ob Fahrpläne, Flugzeiten, Adressen, Restaurants, Routenplaner, Webcams oder Luftaufnahmen – diese Seite ist Dänemarks Informationsquelle für alle Fälle und gehört zu den Top-Ten-Websites im Königreich.

DMI.DK
Die Website des Dänischen Meteorologischen Instituts liefert aktuelle regionale Wetterdaten von Grönland über Jütland bis nach Kopenhagen. Mit Gezeitenkalender und Windvorhersagen für die dänischen Gewässer.

TRAVEL PURSUIT

DAS MARCO POLO URLAUBSQUIZ

Weißt du, wie Dänemark tickt? Teste hier dein Wissen über die kleinen Geheimnisse und Eigenheiten von Land und Leuten. Die Lösungen findest du in der Fußzeile. Und ganz ausführlich auf den S. 18–23.

❶ Dänische Designer kreieren mit Vorliebe

a) Schuhe
b) Parfüm
c) Stühle

❷ Welche dänischen Inseln haben mehr Schafe als Einwohner?

a) Färöer
b) Rømø und Mandø
c) Falster

❸ Womit fahren 65 Prozent der dänischen Politiker zur Arbeit?

a) Auto
b) Fahrrad
c) Bus und Bahn

❹ Welchen Wert hatte der 2021 von dänischen Fischtrawlern gefangene Kabeljau?

a) 15 Mio. Kronen
b) 1,5 Mia. Kronen
c) 15 Mia. Kronen

❺ Wann hat Dänemark zuletzt den Eurovision Song Contest (ESC) gewonnen?

a) 2013
b) 2000
c) 1963

❻ In welcher Sportart wurde Dänemark 1992 Europameister?

a) Handball
b) Hochseeangeln
c) Fußball

Lösungen: 1c, 2a, 3b, 4b, 5a, 6c, 7b, 8a, 9c, 10b, 11c, 12b, 13a+c

Auf den Färöern nehmen Schafe selbstverständlich am Straßenverkehr teil

❼ Jedes noch so kleine Dorf in Dänemark besitzt
a) eine öffentliche Toilette
b) einen Sportverein
c) einen Supermarkt

❽ Die dänische Königin hat eine Schwäche für
a) Zigaretten
b) Pralinen
c) Rotwein

❾ Was bauten die Mitarbeiter der dänischen Reederei DFDS zum 150. Jubiläum?
a) eine 4 m hohe und 7 m breite Fähre aus Sand
b) eine 2 m hohe und 8 m lange Fähre aus Muscheln
c) eine 3 m hohe und 12 m lange Fähre aus Legosteinen

❿ Was erfand der Tischler Ole Kirk Christiansen 1932 in Billund?
a) elektrische Trockenhaube
b) Legosteine
c) Melkmaschine

⓫ Wo kauft die königliche Familie ihre Bettwäsche?
a) bei Ikea
b) bei Tchibo
c) im Dänischen Bettenlager

⓬ Wer stellt jährlich die meisten Reifen her?
a) Goodyear
b) Lego
c) Bridgestone

⓭ Wer ist Vorbild für kleine Wikinger von heute?
a) Harald Blauzahn
b) Gorm der Alte
c) Erik der Rote

REGISTER

LOB ODER KRITIK? WIR FREUEN UNS AUF DEINE NACHRICHT!

Trotz gründlicher Recherche schleichen sich manchmal Fehler ein. Wir hoffen, du hast Verständnis, dass der Verlag dafür keine Haftung übernehmen kann.

MARCO POLO Redaktion • MAIRDUMONT • Postfach 31 51
73751 Ostfildern • info@marcopolo.de

Impressum
Titelbild: Insel Ærø, Badehaus am Eriks Hale Strand, Marstal (huber-images: R. Schmid)
Fotos: U. Haafke (47); huber-images: Cozzi (6/7), G. Croppi (9), Gräfenhain (44, 97), R. Schmid (12/13, 84/85, 98, 100, 124/125); iStock: Westersoe (88); Laif: M. Amme (32/33, 42, 94), J.-P. Böning (54/55, 58), G. Hänel (63, 66, 82, 102, 122), Ch. Kerber (30/31), Th. Rabsch (14/15), Tophoven (2/3); Laif/hemis.fr: A. Brusini (20, 38/39), S. Descamps (129); Laif/Le Figaro Magazine: Robin (28); Look: C. Bäck (92), U. Böttcher (137), H. Dressler (10), H. Leue (51), T. Richter (114/115), T. Roetting (Klappe vorne außen, Klappe vorne innen/1), Roetting/Pollex (35, 120, 138/139), A. F. Selbach (104/105); Look/Travelcollection (113); mauritius images: W. Bibikow (24/25), N. Frei (127), Haag + Kropp (8), R. Linke (68/69), H. Schön (76, 79); mauritius images/age fotostock: C. Beier (49), D. Eckelt (31); mauritius images/Alamy: (72), J. Telem (26/27); mauritius images/Foodcollection (27); mauritius images/imagebroker: W. Diederich (19), NielsDK (116); mauritius images/Masterfile (Klappe hinten); mauritius images/rphstock (11, 52, 146/147); mauritius images/Travel Collection: S. Gammelmark (108); mauritius images/Westend61: W. Dieterich (119); picture-alliance: P. Schickert (64); picture-alliance/Scanpix Denmark: T. Lekfeldt (23); picture-alliance/Westend61: J. Mänz (141); picture-alliance/ZB: P. Pleul (81); Shutterstock: FCG (148/149); C. Tietz (151)

19., aktualisierte Auflage 2023
© MAIRDUMONT GmbH & Co. KG, Ostfildern
Autoren: Thomas Eckert, Christoph Schumann, Carina Tietz
Redaktion: Arnd M. Schuppius; Bildredaktion: Anja Schlatterer
Kartografie: © KOMPASS-Karten GmbH, Karl-Kapferer-Straße 5, A-6020 Innsbruck unter Verwendung von Kartendaten: © MairDumont, D-73751 Ostfildern (S. 36-37, 126, 130, 132, 135, Umschlag außen, Faltkarte); © KOMPASS-Karten GmbH, kompass.de unter Verwendung von © OpenStreetMap Contributors, osm.org/copyright (S. 40-41, 56-57, 60, 70-71, 74, 86-87, 90, 106-107, 110)
Gestaltung Cover, Umschlag und Faltkartencover: bilekjaeger_Kreativagentur mit Zukunftswerkstatt, Stuttgart
Gestaltung Innenlayout: Langenstein Communication GmbH, Ludwigsburg
Spickzettel: in Zusammenarbeit mit PONS Langenscheidt GmbH, Stuttgart
Texte hintere Umschlagklappe: Lucia Rojas
Konzept Coverlines: Jutta Metzler, bessere- texte.de

MIX
Papier aus verantwortungsvollen Quellen
FSC® C124385

Printed in China

MARCO POLO AUTORIN
CARINA TIETZ
Schneesturm über Nordjütland: 90 cm Schnee, kein Strom, keine Heizung, einzige Wärmequelle ein Specksteinofen. Auto und Haus unter Schnee begraben. Lebensmittel und Briketts rationiert. Drei Tage warten, dann rückt die Armee mit schwerem Gerät an. Den Winter 1978/79 wird Carina Tietz wohl nie vergessen. Trotzdem mag sie gerade die kalte Jahreszeit, wenn das Meer rau ist und Jul vor der Tür steht.

BLOSS NICHT!

FETTNÄPFCHEN UND REINFÄLLE VERMEIDEN

MIT EURO ZAHLEN WOLLEN

Die Dänen wollen den Euro nicht, und er wird in Dänemark auch nicht akzeptiert. Die einzige Ausnahme bildet die Grenzgegend. Auch in einigen Städten und Touristengebieten wird er (widerwillig) akzeptiert.

DÄNEN GLEICH DUZEN

In Dänemark wird jeder geduzt, einzige Ausnahme sind Mitglieder des Königshauses. Doch bei auf Deutsch geführten Gesprächen erwartet Dänen, gesiezt zu werden. Sie wissen, dass im Deutschen offiziell das förmlichere Sie gilt.

DAS VERTRAUEN MISSBRAUCHEN

Obst, Kaminholz und Gemüse kannst du an der Straße kaufen und findest zum Bezahlen eine Blechbüchse. Man vertraut dir, denn Dänen sind ehrliche Menschen! Sie schließen auch ihr Auto oder ihre Haustür selten ab. Aber wehe, wenn einer dieses Vertrauensprinzip missbraucht …

DIE DEUTSCHE FAHNE HISSEN

Ob zur Fußball-WM am Auto, im Urlaub am Wohnwagen oder am Hotelbalkon: Flagge zeigen ist in! Aber bitte nicht die deutsche Fahne hissen. Das ist nicht nur in Bezug auf die deutsche Vergangenheit heikel, sondern sogar gesetzlich verboten.

GLAUBEN, JEDER DÄNE KÖNNE DEUTSCH

Die meisten Dänen lernen Deutsch in der Schule, aber das heißt noch lange nicht, dass sie Deutsch sprechen wollen. Wer im Geschäft oder Hotel glaubt, in seiner Muttersprache verstanden zu werden, wird auf Unverständnis stoßen. Höflichkeit ist Trumpf – oder auch ein Versuch in Englisch.